世界史×日本史
講座:わたしたちの歴史総合4

「近代」とは何か

「昨日の世界・ヨーロッパ」からの問い

井野瀬 久美恵
歴史総合研究会編

かもがわ出版

講座：わたしたちの歴史総合 世界史×日本史 刊行にあたって

「講座：わたしたちの歴史総合」は、「歴史総合」からの問いかけに対するひとつの応答である。

二〇〇六年に起きた世界史未履修問題に端を発して、歴史教育の見直しがはじまった。日本学術会議による高校地理歴史科についての「歴史基礎」「地理基礎」科目設置の提言（最初の提言は二〇一一年）、高大連携歴史教育研究会による入試と教科書の歴史用語精選の提案、中央教育審議会での議論など、さまざまな意見が出てきた。

これらの提言・意見をふまえて、二〇一八年三月に「高等学校学習指導要領」が告示された。歴史教育については、「歴史総合」（必修科目二単位）と「日本史探究」「世界史探究」（選択科目各三単位）が設置された。「歴史総合」は二〇二二年度、「日本史探究」「世界史探究」は二〇二三年度から授業を開始することになった。

新しい三科目、とくに「歴史総合」は、これまでの指導要領と抜本的に異なる性格をもっている。大きく分けてふたつある。

ひとつは、現代的な諸課題の直接的な淵源である一八世紀以後、今日にいたるまでの近現代史を必修とし、これまでのように日本史と世界史とに分けず、日本を完全に含む世界史とすることである。

もうひとつは、知識つめこみ型の「覚える歴史」から思考力育成型の「考える歴史」への転換である。その方法として、史資料をもちいた問いかけと応答による対話のつみかさねのなかから、学習者自身が自ら問い、応答しうるような思考力・判断力・表現力を身につけていくようになることをめざしている点である。

前者については、昨今の動きのもとで多くの教員が取り上げている感染症や戦争の歴史をみても明らかなように、近代をあつかう「歴史総合」だけでは応答できない問いや課題も多い。そこで、人類発生以来の歴史をあつかう「探求」科目が日本史・世界史に分けてもうけられた。ここでは、「歴史総合」の問いかけをふまえて、世界史の中の「日本史探究」、日本史を含む「世界史探究」からの応答が必要である。

後者は、歴史研究者が、史資料を前にして机の上やフィールドでおこなっているような作業である。これにつうじる学習を高校の教室で展開するためにさまざまな努力がつみかさねられている。歴史学の方法を大学の中にとどめず、市民社会の共有物とするための、歴史研究者からの応答と協力が課題になるであろう。

「歴史総合」の提案に対し、新しい提言をふくむ解説書、実践事例、世界史シリーズなど、さまざまなかたちで「世界史」の刊行があいついでいる。「講座：わたしたちの歴史総合」のめざすところは、解説書や参考書の域にとどまらない。高校生や教師を含め、一般読者が現代的な諸課題を歴史的に考えるときの、教養としての世界史である。

わたしたちの講座は、新しい歴史科目に対応して、全六巻で編成する。「歴史総合」に応答するのは、一八世紀・一九世紀の近代を中心とする第三巻・第四巻、二〇世紀の世界を対象とする第五巻である。第一巻・第二巻は、「世界史探究」に対応して、有史以来、一七世紀にいたるまでの世界を対象とする。第六巻は、「日本史探究」に応答して、あえて日本通史を配することにした。

わたしたちの世界はどこにむかっているのだろうか。人類はどのような歴史的経験をへて、いまここにあるさまざまな課題に直面しているのだろうか。人類がたどってきた道筋の全体を考え、理解しうる教養がいまこそ必要ではないか。わたしたちの講座は、歴史教育からの問いかけによせて、それに応答しようとするひとつの試みである。

二〇二二年一二月二三日　歴史総合研究会

執筆者を代表して　渡辺 信一郎

井上 浩一
井野瀬 久美恵
久保 亨
小路田 泰直
桃木 至朗
（50音順）

〈目　次〉「近代」とは何か――「昨日の世界・ヨーロッパ」からの問い

まえがき

「ヨーロッパ近代」の経験を記述するということ

本書の中心となる一八、一九世紀は、それ以前の時代とは比べものにならないほど世界がつながりあい、互いに影響を与えあった時代である。それまで地域のまとまりで生きてきた社会が、自分たちより大きな国家や帝国、異質な地域とつながることで、双方の社会も人びとも、世界に対する認識も自分を見る目も、大きく変えていく時代となった。

どの時代、どの世紀にも、異なる文化をもつ人びとや世界との接触はあったが、一八世紀、特にその後半から一九世紀全般を通じて、世界各地で「玉突き式」に起こった一連のプロセスは、「近代化」という言葉で表現されている。政治的には国民国家や民主主義という考え方が広まり、経済的には産業化によって世界市場が形成され、文化的には啓蒙思想の展開のなかで科学への信頼、教育のもたらす効果が確信される――こうした共通項で世界をつなげたのが、ヨーロッパ、特にイギリスやフランス、オランダ、ドイツといった西欧諸国であり、その影響を色濃く受けたアメリカであった。

それは、スペインやポルトガルが先導した一五世紀末以降の「大航海時代」の延長線上に位置しつつも、「大航海時代」にはなかった強力なリーダーシップをヨーロッパが獲得していくプロセスでもあった。そこでは、「近代化」を説明するさまざまな用語――主権国家、市民革命、国民国家、ナショナリズム、産業革命、資本主義、帝国主義などが生まれたが、それらはいずれも、ヨーロッパが自分たちの経験を語るために編み出した概念である。

図0-1　フェルディナンド・パウエルス「95か条の論題を釘打つルター」(1872)

明治以降の日本は、これらのヨーロッパの経験をモデルに進むべき道を探るとともに、彼らヨーロッパの用語で過去を記述する西洋中心史観を展開してきた、とよくいわれる。第二次世界大戦後、教育の民主化のなかで中等教育に設置された科目「世界史」もまた、ヨーロッパ中心の歴史叙述であった。現在それは厳しく批判され、書き換えが進められているが、「近代化」への道に合わせて自分たちの過去を解釈しようとしたのは、なにも日本に限らない。ヨーロッパもまた、自分たちの（つまり一九世紀の）経験に合うように、「過去」を読み替えていた。

たとえば、世界史の教科書には、宗教改革は、一五一七年一〇月三一日、マルティン・ルターがヴィッテンベルク城教会の門に「九五か条の論題」を打ちつけることで始まった、とある。この「釘打つルター」像（図0-1）は、ドイツ史家の踊共二によれば、一九世紀の自由主義革命、ドイツ統一気運の高まりのなかで創られたものであった。ナポレオン戦争終結後の宗教改革三〇〇周年（一八一七）以降、ルターは「迷信と圧政からの解放者」とみなされ、ヴィッツテンベルク城教会はその「記憶の場」となった。ドイツ帝国成立（一八七一）のころには、宗教改革の「ドイツ性」の強調とともに、「九五か条の論題を釘打つルター」像はドイツ統一のシンボルと化した。日本の幕末維新期と同じ頃、ドイツもまた国のかたちを大きく変えていき、そこにわたしたちが知るルター像も生まれたのである。

「歴史はすべからく現代史である」とは、イタリアの思想家ベネデット・クローチェの言葉である。歴史叙述は、書き手の「今」、すなわち当時の「現在」の視点からたえず書き直されるものである。それゆえに、歴史的事実の確定はさほど単純なものではない。史実もまた、常に「過去と現在の対話」のなかにある。

「歴史総合」の時代

ヨーロッパ中心史観を脱して近代の経験をどう語るか。その動きは冷戦体制崩壊後の一九九〇年代から顕著になっている。

ヨーロッパ自身の試行錯誤を象徴するのは、「ヨーロッパ連合（EU）」の存在であろう。その前身であるEEC（ヨーロッパ経済共同体）やEC（ヨーロッパ共同体）からEUの成立、その内部におけるヒト、モノ、情報、文化の自由な交流は、国家と地域との関係を再考させた。冷戦体制崩壊後のEUの東への拡大（東欧諸国の加盟）は、西欧中心に語られ、記述されてきた従来のヨーロッパ史に見直しを迫った。ナショナルヒストリー（一国家、一国民の歴史）に対する批判、グローバル化の進行とともに台頭するグローバルヒストリーなどとも呼応しながら、ヨーロッパの過去をいかに語るか、彼ら自身の試行錯誤が続いている。

と同時に、「ヨーロッパ近代」はヨーロッパだけの経験ではない。南北アメリカ、アジア、アフリカ、そして太平洋上に、「ヨーロッパ近代」はさまざまな方法で広がり、さまざまな「遺産」を残した。交易、移民、奴隷貿易、植民地化など、現地とヨーロッパ諸国との関係性は多種多様である。その背景には、啓蒙思想による「人間の分類と序列化」の洗練、人種主義など、ヨーロッパ発信の知があった。その負の遺産に非ヨーロッパ世界が立ち上がり、声をあげて和解や謝罪、賠償へと本格的に踏み出していくのは、二一世紀に入る前後ときわめて最近のことでしかない。それまで冷戦体制下で「資本主義vs社会主義」という二項対立に抑え込まれ、片隅で涙をのんできた人びとや集団がようやく、一九九〇年代半ば以降、急速に発展するIT技術やSNSといった道具を得て、「大きな物語」に隠蔽された自分たちの「小さな物語」を語り始めたのである。

その過程で明らかになってきたのは、もはやヨーロッパ近代は追いかける対象ではない、ということである。その一方で、世界がつながっていく近代以降をもっと知る必要があることも痛感された。その際、日本を切り離した「世界史」、世界を切り離した「日本史」では、近代という時代を学ぶことも、その先に拓かれた「わたしたちの世界」を理解することもできないのではないか、という危惧も顕在化した。折しも、二〇一五年の国連サミットでは、二〇三〇年までに到達すべき「持続可能な開発目標（SDGs）」が全会一致で可決された。二〇二二年四月から実践されている「歴史総合」は、そんな「わたしたちの世界」の産物にほかならない。

長らく日本史と世界史の二本柱で行われてきた歴史教育を一本化した「歴史総合」という試みは、これまで「ヨーロッパの経験」をテンプレートに記述されてきた（感の強い）「過去と現在の対話」を見直す大切な機会でもある。「歴史総合」の議論では、「近代化」「市民革命」といった歴史用語をめぐって、日本史の専門家とそれ以外、とりわけ西洋史の専門家との間で齟齬も浮上したようだが、それこそ「歴史総合」が狙う

「過去と現在との対話」のひとつであろう。そんな齟齬にも「歴史総合」を教える／学ぶ醍醐味があると思うのだが、その一方で、「歴史総合」の実施後も、日本史と世界史の担当者が週に一回ずつ別々に授業をする、といった話も漏れ聞く。それを「歴史総合あるある」だと笑い飛ばしてはいけない。構想において、「歴史総合」は決して、従来の日本史と世界史を「ホッチキス止め」する科目ではなかったはずだ。

シリーズ「わたしたちの歴史総合」第四巻となる本書では、「ヨーロッパの経験」で拓かれ結ばれた一八、一九世紀の世界が、二一世紀の「わたしたちの世界」とどのようにつながっているのかを探りながら、「歴史総合ワクワク」を考えていければと思っている。

ツヴァイクの「昨日の世界」

本書副題にあげた「昨日の世界」という言葉は、伝記作家、評論家として二〇世紀前半を代表する知性であったシュテファン・ツヴァイク（一八八一～一九四二）の作品で、死後出版された『昨日の世界』（一九四四）からとっている。

ツヴァイクは、マリー・アントワネット、メアリ・ステュアート、マゼラン、バルザックといった評伝が有名である。ゲーテやナポレオンら天才や英雄がきらぼしのごとく輝いた瞬間を綴った『人類の星の時間』（一九二七）、ルターと並ぶ宗教改革の雄、カルヴァンの権力に抗ったセバスチャン・カステリオンの生涯を描いた『権力とたたかう良心』（一九三六）など、ひとからヨーロッパの歴史を読み解く彼の視点と感性には、高い評価が寄せられた。時代と人間、その心の機微を絡ませた短編集は時に映画化され、『無口な女』（一九三五年初演）のようなオペラの脚本もある。いずれも各国語に翻訳されて、世界じゅうの読者を魅了した。日本で編まれたツヴァイク全集（みすず書房）は二一巻にも及ぶ。

ツヴァイクは、一九世紀が暮れつつあるウィーンで、彼自身の言葉を借りれば「善きユダヤ人ブルジョア家庭」に生まれ育った。ウィーン大学とベルリン大学に学び、二〇世紀のパリやロンドンをはじめ、ヨーロッパ各地で芸術家や文学者らと交流を重ね、刺激を与えあい、国籍にとらわれないコスモポリタンな生き方と平和主義をこよなく愛した。最初の世界大戦を生きのび、戻った敗戦の祖国、オーストリア・ハプスブルク帝国は解体され、やがてツヴァイクもユダヤ人ゆえの運命に晒されていく。一九三四年には、武器の密輸に絡んで、ザルツブルグの自宅が家宅捜査された。これを期に、ツヴァイクはロンドンに亡命する。故郷ウィーンも留学先のパリも、ヒトラー率いるナチス・ドイツに占領されるなか、パリから渡ったニューヨークで、さらにはチリやアルゼンチン、ベネズエラ、そして終の棲家となるブラジルでも、ツヴァイクはペンを奮いつづけた。

そんな亡命生活のなか、「手に入るべき自分の著書の一冊もなく、手記もなく、友の手紙もない」状態で綴りはじめたのが『昨日の世界』であった。それは、彼自身を語る以上に、二つの世界大戦を経験する以前のヨーロッパの回想記である。

その冒頭、ツヴァイクは、近代ヨーロッパ文明の到達点を語る最も適切な言葉として、「安定の黄金時代」を当てている。国民代表から成る議会によって行われる民主政治。安定した通貨に支えられた予測可能な経済。それゆえに、「火災や盗難に備えて家に、雹や雷雨の害に備えて畑に、奇禍や病気に備えて自分の身体に」といった具合に、ヨーロッパ近代は「保険制度の黄金時代」ともなった。

だが、「この感動すべき信頼」にこそ、ヨーロッパ近代の盲点もあった。ツヴァイクはそれを「大きく危険な不遜」だという。一九世紀から第一次世界大戦前夜まで、ヨーロッパは自由を尊びながら、自分たちは「あらゆる世界のうちの最良の世界」にまっすぐに進んでいると、まじめに信じていた。そして、「戦争や飢餓や革命のあった昔」を「十分に啓蒙されていなかった時代」として軽蔑した。「止まるところのない不断の進歩を聖書よりも信じた」とツヴァイクが語るヨーロッパは、「昨日よりも今日、今日よりも明日はもっといい日になる」を信じる楽観主義に満ちた世界であった。このナイーブな世界観が、ヨーロッパ、わけても西欧諸国がリードした「近代世界」に内在していたとツヴァイクは見ている。

だが、それを「昨日の世界」と呼んでしまうのはどうだろうか。先に少し触れたように、ヨーロッパ近代がピークに達した第一次世界大戦直前までに、ヨーロッパ諸国は、世界のさまざまな場所に今に続く軋みや歪みをもたらしていた。とりわけアフリカ大陸は、「分割」というヨーロッパ独自のナイーブな論理で食い荒らされ、食い散らかされた。そこに、二つの世界大戦にツヴァイクが認めた「昨日」と「今日」の境界線などあるだろうか。「昨日の世界」はわたしたちの世界としっかりつながっているのである。

そうした批判を込めながら、「昨日の世界」をながめ直してみよう。ブラジルに亡命したツヴァイクが愛しく想い起した「昨日の世界」――。それを合わせ鏡にすれば、「わたしたちの世界」に何が見えてくるだろうか。五つの章で考えてみたい。

第一章

「昨日までの世界」を読み替える

はじめに

古代、中世、近代という、今ではいささか荒っぽい歴史の三区分法が生まれたのは、ルネサンスと呼ばれる時代であった。「古代」を理想化し、自分たちの時代をその再生・復活の時代とみなして「近代」と呼び、その間に位置する「中世」を過渡的で克服すべき「暗黒時代」と捉えるこの見方は、一七世紀後半、ルター派の歴史家クリストフ・ケラリウス（一六三八～一七〇九）の著作、『世界史』第二巻（一六八八）に認められる。そこでは、四世紀初頭、ローマ帝国のコンスタンティヌス帝（西ローマ副帝三〇六～三一二、正帝三一二～三二四、ローマ皇帝三二四～三三七）の治世を起点に、オスマン帝国によるコンスタンチノープル陥落（一四五三）を終点とする時期が「中世」とされた。この見方はすぐに広まったわけではないようだが、自分たちの時代とそれ以前の時代――「今日」と「昨日」――とを古典古代との関係で区別する考え方は、その後ヨーロッパで標準化されていく。ケラリウスの著作から一〇〇年ほどのち、フランス革命期の人びとも、「近代」世界は一五〇〇年頃から始まったと考えていたとされる。

だが、「古典古代の再生・復古」として思い描かれた「近代」という時間は、時間がたつにつれて（当然のことながら）長くなり、言葉自体に再考が必要になっていく。

たとえば、「近代歴史学の父」といわれるドイツのレオポルト・フォン・ランケ（一七九五～一八八六）は、イタリア戦争開始の一四九四年からフランス革命勃発（一七八九）までを「より新しい時代」と呼び、それ以降、すなわち、ランケにとっての「わたしたちの時代」を「最も新しい時代」と呼んだ。その後、「より新しい時代」には「初期近代」や「近世」といった名称があてられた。

このように、ヨーロッパの知識人にとって、時代をどう区切り、どう呼ぶかの問題は、中世と近代の「間」をどう捉えるかの問題であるとともに、常に「最も新しい時代」である「わたしたちの時代」とそれ以前の時代との接合面を考えさせる問いであった。「わたしたちの世界」は「わたしたち以前の世界」と何がどう違っているのだろうか。それはなぜなのか。

時代区分の問題はとても複雑で、時に論争ともなった。それでも、物事や出来事を時代の流れのなかで捉えるためには、時代区分が必要である。問題は、何を目安に時代を区切るか、区切ったことにどんな意味があるか、だ。

近年、フランスの中世史家ジャック・ル＝ゴフは、一三世紀から一八世紀までを「長い中世」と捉える見方を提示し、ヨーロッパの時代区分論争に一石を投じた。中世に生まれた社会構造や生活文化の仕組みがその後も長らく存続、継承されたというのがその理由である。時代区分が一八、一九世紀になってようやく人びとの身近になったことも、それ以前を「長い中世」と捉える一因だと思われる。

ル＝ゴフの試みが刺激的である理由のひとつは、「長い中世」に「ルネサンス」の時代がすっぽり網羅されるからである。言い換えれば、ルネサンスには、それ以前と比べて特に「斬新さ」は認められないというわけだ。ル＝ゴフによれば、合理的思考、人間主義、美をめぐる感性などルネサンスに強調される特徴はいずれも、ルーツは中世にあり、宗教改革や自由主義思想、科学的方法など近世、近代に分類されてきた事象もまた、ヨーロッパ中世との間に明確な断絶はないという。ル＝ゴフはこんなふうに書いている。

ルネサンスの教養人たちは人文学研究の知的・文化的体系を築きあげた。人文主義 humanisme という言葉はそこから生まれた。しかし、このように思想体系の中心に人間をすえるというやりかたは古くからある。それはルネサンスと呼ばれることになる時代の特徴であるのとおなじくらい、中世と呼ばれることになる時代の特徴でもあったのだ。（ル＝ゴフ『時代区分は本当に必要か？』一一四頁）

たしかに一六世紀には宗教改革による断絶があり、激烈なユグノー戦争がくりひろげられた。キリスト教信仰は以後、少なくとも二つの形をとってあらわれる。伝統的カトリック教会のほかに、プロテスタントと呼ばれる新たな改革派があらわれるのだ。…しかし、これらが依然としてキリスト教であることに変わりはない。（同、一一九～一二〇頁）

「中世」と「近代」の間をどう見るか――これは、ルネサンスや宗教改革に強調されてきた「画期性」を相対化し、俯瞰して歴史のなかに置き直す作業である。出来事から遠く離れれば離れるほど、その出来事を俯瞰し、相対化できるように思えるのだが、歴史は、何らかの「目標」に向かってまっすぐ直線的に進むものではない。それゆえに、ある事象や出来事の「画期性」や「光か闇か」を相対化することは、常に「自分の今」に照らして「過去を読み替える」ことにほかならないのである。

一、「ルネサンス」が創られるとき

言葉とその意味の間――「クラシック」

今わたしたちが音楽や文学、芸術などでよく耳にする「クラシック（classic）」という言葉は、古代ローマ市民の最上階級を意味するラテン語（classici）に由来し、「第一流、最上ランクの」といった意味であった。そこから転じて、歴史のなかで高い評価を与えられてきた作品や名作を「古典」、すなわち「クラシック」

と呼ぶ言い方が生まれた。ジャズやポップスといった二〇世紀の新しい音楽に対して、それ以前のヨーロッパの伝統的な芸術音楽が「クラシック」と呼ばれるのも、その根底には上記、ラテン語の意味がある。それゆえに、ハイドンやベートーベン、モーツアルトら、現在「古典派」に分類される作曲家たちは、自らの作品を「クラシック」と呼んだわけではない。彼らの活躍期は一八世紀前半から一九世紀初めにかけてであるが、その時代の人びとにとって「クラシック」といえば、古代ギリシャ、ローマ時代の芸術家や思想家の作品を意味していた。

この価値観を前面に謳った言葉が「ルネサンス」である。古典古代に人間の理想像を求め、それを復活、再生しようとした一連の文化運動は、一般に、一四世紀初頭のイタリアの都市国家にはじまり、一五世紀半ばにイタリアで全盛期を迎えたのち、アルプスを越えて広くヨーロッパ全体に広がり、各国、各地域独自の文化形成に大きな影響を与えたと説明される。ヨーロッパの歴史において、「ルネサンス」は、それ以前、神に束縛された「闇」の時代とは異なる「光」の時代であり、時代精神と時代区分とにかかわる重要な概念と考えられてきた。

もっとも、クラシック音楽の歴史はバロック音楽（一七世紀〜一八世紀中頃）に始まるとされており、「ルネサンス音楽」は単に「ルネサンス期に作られた音楽」という意味のようだ。音楽においては「古典古代の復活」はさほど重要ではなかったのだろうか。そういえば、歴史教科書でも、ルネサンスの担い手としては、ラファエロ、ミケランジェロ、レオナルド・ダ・ヴィンチという三大巨匠をはじめ、圧倒的に美術（あるいは建築）分野が多い。遠近法や油彩技術といった目に見える形でそれまでの絵画を変えたことも、「人間中心のルネサンス」と「神中心の中世」との違いとして語られてきた。

だが、上記三大巨匠らが自分たちの作品を「クラシック」とみていたわけではないし、彼らが自分たちの時代を「ルネサンス」と呼んだわけでもない。そもそも、「ルネサンス」という言葉は、ダ・ヴィンチらが活躍したイタリアの言葉ではなく、フランス語である。なぜフランス語なのか。それは、一五、一六世紀の「クラシック（古典古代）の再生・復活」にヨーロッパ近代世界の形成という動きを認め、それを「ルネサンス」と呼んだのが、一九世紀のフランスの歴史家ジュール・ミシュレ（一七九八〜一八七四）であったからだ。歴史概念としてのこの言葉に共鳴したスイス、バーゼル大学教授（美術史）のヤーコプ・ブルクハルトは、自著『イタリア・ルネサンスの文化』（一八六〇）でそれを全面展開し、普及、定着させた。各国語に訳されたブルクハルトの著作が世界中で読まれ、古典的（！）名著となるなかで、「ルネサンス」は、まるで一五世紀当時から使われてきたような錯覚を与えてしまっている。だが、そうではない。わたしたちが教科書で学んだ「ルネサンス」という概念は、一九世紀に創られたのである。

「ルネサンス」との邂逅――ミシュレの場合

E・H・カーが言うように、歴史は「過去と現在との不断の対話」である。その時々の「現在」がそれ以前の「過去」と交わした「対話」が、二一世紀のわたしたちが試みるものと違っていても、何ら不思議ではない。歴史という対話とその記述には、わたしたちの「現在」が映し出され、（他のどれでもない）「その過去」と出会うタイミングが重要な意味を持つからである。ミシュレの場合、「ルネサンス」との出会いはどんなタイミングだったのか。そこに彼のどんな「現在」が投影されているのだろうか。

一八三八年にコレージュ・ド・フランスの教授になる以前、国立高等師範学校（エコール・ノルマル）の歴史学教授であったミシュレが、一八三〇年のフランス七月革命で自由主義に魅了された、というところから話をはじめよう。一八三一年に国立古文書館の歴史部門主任に就任し、未公刊のさまざまな史料と出会った彼は、「歴史家の秘密の仕事場から立ち上がる古文書の声」を聴きながら、それまで国王や軍人ら中心の年代記でしかなかった歴史叙述のあり方を大きく変えていく。政治や法律のみならず、名もなき人びとの存在と彼らの日常生活に分け入ろうとするミシュレの歴史叙述は、まずはフランス中世史から始まった。『司祭、女性、家族』（一八四五）、『民衆』（一八四六）なども国立古文書館の主任時代の成果であり、その叙述は後年、全体史を志向するアナール学派に強い影響を与えた。

中世史を第六巻まで執筆したところで、ミシュレはいったん『フランス史』（全一七巻、一八三三～六七）の筆を止め、同時代史である『フランス革命史』（全七巻、一八四七～五三）を執筆、公刊する。そのあと、中世史に続く時代として「ルネサンス」を標題に掲げ、『フランス史』第七巻に着手した。その冒頭、ミシュレはこう記している。

「中世」の研究に注いだ一八三〇年から一八四四年までの十余年と、「フランス革命」の研究に注いだ一八四四年から一八五三年までの約十年のあと、わたしに残されている仕事は、この二つの歴史の間に「ルネサンスおよび近代の歴史」を置いて、大きな全体を接合することである。

（ミシュレ『フランス史Ⅶ　ルネサンス』二頁）

刊行は『フランス革命史』に（いちおうの）片を付けた後の一八五五年だが、一八四八年のフランス二月革命に続く一連の出来事のなかで、ミシュレ自身が人生の岐路に立たされていた。七月王政（一八三〇）を倒した第二共和政は、大統領に選ばれたナポレオンの甥、ルイ・ナポレオンのクーデターによって、一八五二年、再び帝政（第二）となった。皇帝ナポレオン三世への宣誓を拒否したミシュレは、コレージュ・ド・フランスの教授も国立文書館主任も罷免され、体調を崩してパリを去った。こうした人生の浮き沈みのなかで、ミシュレはどうやって「ルネサンス」という歴史概念を「創造」し、執筆しえたのだろうか。

それを教えてくれるのは、アナール派の歴史家で、コレージュ・ド・フランスに開設された「近代文明史講座」の初代教授だったリュシアン・フェーヴルである。フェーブルは、第二次世界大戦中の一九四二～四三年、ナチス・ドイツによるパリ占領下で、「近代世界の形成——ミシュレとルネサンスの問題」と題する講義を行っている。講義の内容とともに、戦時下のパリの大学で三〇回にわたる講義がどのように行われたかにも心ひかれる。と同時に、一九四二年といえば、ツヴァイクがブラジルで自殺した年でもあり、「今日の世界」に対するツヴァイクの絶望と、同じ時代を生きねばならない若い学生に向けたフェーブルの講義が併存していることにも奇妙な感動を覚える。

戦時下で講義するフェーブルが、ちょうどその一〇〇年前、一八四〇～四一年に、敬愛する歴史家ミシュレが同じコレージュ・ド・フランスで行った講義「永遠なるルネサンス」を想い起していたことはまちがいないだろう。そう、ミシュレは「フランス史」第七巻として『ルネサンス』を公刊する一五年も前に、すでに「再生・復活」を意味するフランス語の普通名詞「ルネサンス」を使って、一五世紀から一六世紀にかけてのヨーロッパに訪れた新しい時代を語っていたのである。当時「ルネサンス」という言葉は芸術や建築学、文学などの世界ですでに知られていたが、ミシュレはそれらを含んだ、一五、一六世紀のヨーロッパ史全体を語り、それ以前の中世という時代を批判する歴史概念として、「ルネサンス」を創造したのである。

気になるのは、なぜミシュレは一八四〇年に「ルネサンス」という歴史概念を創造し得たのか、である。

フェーブルによれば、一八四〇年一月からの講義に「ルネサンス」を着想した背景として、ミシュレ自身は二つの理由をあげているという。ひとつは、講義前年に最初の妻ポーリーヌを病気で失ったことであり、もうひとつは、講義を聴講する学生に付き添っていた母親デュメニル夫人との出会いである。前者で感じた「絶望と死」に対して、後者が「希望と再生」となったというのだが、『ミシュレとルネサンス』の訳者の石川美子によれば、話はそれほど単純ではない。時系列でいえば、結核で入院した妻に死を感じたミシュレは、「復活の予兆」を見出そうとして「ルネサンス」を思いついた。妻の死後、まだ全体像が見えぬままに講義をはじめた彼は、デュメニル夫人と出会って自らの「復活」を実感した、ということらしい。ある命（人であれ、時代や文明や王朝であれ）の死は、別の命の誕生であり復活なのだと、ミシュレは考えていたという。「死へいたる生者と、ただちに生へともどりくる死者という連続性」——フェーブルは、ミシュレの死生観が彼の歴史観でもあったと語る。

ここに、埋葬の一か月後、ミシュレが亡き妻ポーリーヌの墓を掘りかえしたという話を加えてみよう。「ほとんどウジしか見えなかった」というミシュレは、そこに何を見たかったのであろうか。墓を掘りかえす行為は、一八五〇年、二度目の妻アテナイスとの間に生まれた息子ラザールを生後数週間で亡くしたときにもくり返された。ラザールの埋葬時、ミシュレは四年前に亡くなった父の墓を掘りかえし、そこにラザールを入れたという。「ラザール」は、死後にイエスによって蘇ったラザロ（『ヨハネによる福音書』）のフランス語読み。息子の命名について、ミシュレは、友人宛ての手紙で「ラザールは復活を意味する」と書いた。

キリストの復活を信じるキリスト教徒、特にカトリックは、人間の身体の復活をも信じて土葬が一般的である。墓を掘りかえすことも不可能ではないが、はて、ミシュレは妻や父の墓を掘りかえして、何を確認したかったのだろうか。死者の復活？あるいは死者との交流か？

ペール・ラシェーズ墓地

ミシュレが家族とともに眠る墓は、パリ二〇区にあるペール・ラシェーズ墓地（正式名は東墓地）にある。

この土地は、太陽王ルイ一四世の告解師であったイエズス会修道士ペール・ド・ラ・シェーズが所有していた。そもそも、一五三四年、スペインからパリに留学していたイグナティウス・デ・ロヨラら六人の神学生により、イエズス会自体が立ち上がったのも、ここパリのモンマルトルの丘であった。だが、国境を越えて教皇への服従を誓うイエズス会の活動はしだいに国家主権と対立し、各国君主からの圧力により、一八世紀後半、ローマ教皇は回勅でイエズス会を禁止した。

フランスでは早くも一七六三年にイエズス会士が追放されると、一八〇三年、パリ市がその土地を購入し、翌年、皇帝として即位したナポレオンの命で墓地へと転換した。墓地不足に由来する衛生問題を払拭し、庭園として整備された敷地内には礼拝堂も完備されて、一九世紀フランスの埋葬・追悼の文化を今に伝える。ナポレオンによってここが墓地として開園されてまもないころから、ミシュレはここを散策し、ここに眠る死者たちに愛着を感じていたという。そのなかで、彼の歴史観もまた育まれていったのだろうか。

ペール・ラシェーズのミシュレの墓碑銘は、実に意味深長である。曰く、「歴史とは復活である」――。

起点としてのイタリアの「発見」

一八四〇年一月から翌年七月まで続いたミシュレのルネサンス史の講義が活字となるのは、先述したように一五年後、一八五五年二月のことである。革命の夢破れ、職もパリも追われたミシュレに追い打ちをかけたのは、愛娘アデールが亡き妻と同じ結核を病んだことであった。自身も健康を害し、一八五四年、イタリアに湯治の旅に出たミシュレは、帰宅後に『ルネサンス』を書き上げた。

彼にとっての「ルネサンス」とは、すでに述べたように、時代の総体、全体像である。ミシュレは、コロンブス、コペルニクス、ガリレオへの流れ、すなわち「地上の発見」から「天上の発見」へとつづく「世界の発見」を一五、一六世紀の時代性として捉え、「そのなかで人間は自分自身を発見した」と語る。それは、ベルギーの解剖学者ヴェサリウスやスペインの医師セルヴェが「生命とは何か」を提示し、ルターやカルヴァン、ラヴレーやモンテーニュ、シェイクスピアやセルバンテスが「心の神秘に分け入った」時代であった。それまで個別に扱われてきた文化現象を全体として、しかも一つの国ではなくヨーロッパ全体と関わる歴史的出来事として捉え直し、技術や産業、政治や戦争を含む社会のあらゆる局面に与えた影響に注目する――これが、それ以前の時代、神中心で魔術的な中世と一線を画する「ルネサンス」であった。

ミシュレはこの大きな歴史概念をフランス史の一部に組み込み、「フランス国民」の経験として語ろうとする。ゆえに、ミシュレの「ルネサンス」の起点は、一四世紀初頭から古典古代の再生を呈してきたイタリア都市国家ではなく、フランスがイタリアの新しい文化運動と接触した一五世紀末のイタリア戦争に置かれている。

イタリア戦争は、ヴァロワ家のフランスとハプスブルク家の神聖ローマ帝国が対立し、一五世紀末から一六世紀半ばまで半世紀余りも断続的に続いた戦いである。イタリア北部、ナポリ王国の王位継承権を主張してイタリアに侵入したフランス国王シャルル八世ら一行は、イタリアを「発見」して驚愕する。その驚愕は「新大陸アメリカの発見と同じ意味を持った」として、ミシュレはこう書いている。

野蛮な北方とのコントラストは強烈であったから、征服者たちは、その目新しさにほとんど怖じ気づくほどに驚嘆した。イタリアの絵画、大理石造りの教会や彫像、すばらしい葡萄畑、しかも、生ける彫像とも言うべき美しい娘たちが花冠に身を飾り棕櫚の枝を手に町の鍵を持って歩み寄ってくるのを眼にしたときは、茫然として言葉を失い、次の瞬間、歓喜の声をあげたのである。

（ミシュレ『フランス史Ⅶ　ルネサンス』一四五頁）

一五世紀末のイタリア戦争がそれまでの「アルプス越え」とまったく違っていたのは、参加者が、「フランスのあらゆる州、あらゆる階層にわたる若者たちから成る〈小フランス〉」（同、一七八頁）だったことにある。彼らは、「イタリアにやってきて、その空気を吸い、イタリアを感じ、みずからをイタリアに同化」させた。そこにミシュレが見たのは、「文明の衝突」である。

いうなれば、野蛮人が、ある朝、思いがけず、高度な文明人と鉢合わせしたのである。まさに、二つの世界の衝突が起きたのだ。というよりも、互いにうんと離れた二つの時代がぶつかり合ったのである。その衝撃と火花。そして、この火花から生じた火柱――それが《ルネサンス Renaissance》と呼ばれるものである。

（同、一七八頁）

「イタリア発見」、正確にはイタリアという「他者」の発見は、「フランス発見」という「自己」へと向かい、それがイタリア発のルネサンスに新たな命を吹き込んだ。文化や芸術にとどまらず、広くさまざまな分野（戦争や産業、政治や宗教など）にインパクトを与えたこの「出会い」に、ヨーロッパのさまざま地域の人びとが関わることになった。

イタリア人（コロンブス）は《世界》を見出し、ポーランド人（コペルニクス）はその世界の動き、天体の調和と無限性を発見した。

ドイツ人（ルター）は《家族》を立て直し、そこに祭司を置いて、人間の世界を打ち立てた。

（同、四四七頁）

「自然に対する善意、優しさ。自由思想に与する人びとは、人間らしさと共感を大事にする人びとである」で始まる同書最後の段落にはこうある。「ダ・ヴィンチは何羽も鳥を買ったが、それは籠から放してやって喜んで自由に飛び立つのを見て楽しむためであった」。（同、四五一〜四五二頁）

『ルネサンス』刊行時のミシュレは、自身が生きる一九世紀半ばのフランスにはもはや望めない自由を見たかったのだろうか。その詳細は、立川孝一らミシュレ研究の専門家に任せよう。

その後も死の直前まで書き続けられたミシュレの『フランス史』は、全一七巻に及んだ。

個人の時代――ヴァザーリの『芸術家列伝』

ミシュレの時代認識に刺激されたヤーコプ・ブルクハルトは、人間個人の解放、人間中心の人文主義（ヒューマニズム）の精神を表現する言葉として、ミシュレが創造した歴史概念「ルネサンス」に注目した。オランダの思想家エラスムスやドイツの画家ハンス・ホルバインにゆかりのあるバーゼルで自由な思索に生きたブルクハルトについて、『イタリア・ルネサンスの文化』の訳者である柴田治三郎は、「生涯、個々人の価値を確信し…個性の自律的な発展こそが真の文化に通じる唯一の道である」という思想を死ぬまで堅持していたと述べている（傍点も訳者）。わたしたちが歴史教科書で学ぶ「個々人の個性重視」というルネサンス像は、この歴史概念を

図 1-1　ヴァザーリの回廊外観
（提供 /Sailko : Wikimedia Commons, the free media repository）

生み出し、展開させたミシュレ、ブルクハルトという一九世紀のヨーロッパ人のものである。

もっとも、ルネサンスが才能豊かな個人を輩出した時代であったことは、この時代を描く作品に「列伝」という形をとるものが多いことからも知れよう。それは、イタリア・ルネサンスを初めて記述した著作、ジョルジョ・ヴァザーリの『ルネサンス芸術家列伝』（正式タイトルは『最も優れた画家・彫刻家・建築家列伝』、初版一五五〇年）以来の系譜だといえる。

ヴァザーリ（一五一一～一五七四）は、フィレンツェを支配していたメディチ家の執政所、ウフィッツィ宮（今はルネサンス美術で世界的に有名な美術館となっている）を設計した建築家であり、彫刻家でもあった人物だ。その名を残すウフィッツィ美術館の「ヴァザーリの回廊」（図1-1）は、一五六五年、ヴァザーリが『ルネサンス芸術家列伝』を捧げたメディチ家出身の初代トスカナ大公、コジモ一世の依頼で作られた。アルノ川を挟む執政所とメディチ家私邸（ピッティ宮殿）をつなぐ一キロほどの長い隠し通路には、その両壁面に八〇〇点余りの絵画（すべて画家らの自画像）が展示されており、ガイド付きの予約ツアーもある。

ルネサンスの中心がイタリアからアルプス以北へと移っていく一六世紀半ばにあって、ヴァザーリの『ルネサンス芸術家列伝』は、イタリア・ルネサンスを彩る芸術家に焦点を絞っている。ダ・ヴィンチ、ミケランジェロ、ラファエロという三大巨匠を含む画家や彫刻家一三三人の人生を、彼らのゴシップを含めて生き生きと描き出したこの列伝は、ルネサンスの個性を肌感覚で伝える貴重な史料である。

ヴァザーリは同列伝の序文で、ローマ帝国、ローマ文明の消滅理由をキリスト教の拡大に認め、古代ローマの彫刻や立像、装飾にとって代わった中世の教会建築（特にゴシック様式）を痛烈に非難している。一三世紀半ば過ぎの画家チマブーエに始まるヴァザーリの列伝は、古代の本格的な復活を一四世紀初頭の画家ジョットに認めた。だが、ジョットの描く幼子キリストの表現は、わたしたちの目にどこか違和感を与えないだろうか。

図1-2　ジョット・ディ・ボンドーネ「荘厳の聖母」（1310年頃）

ヨーロッパでは、子どもを「小さな大人」と捉えて、大人と子どもの間に一線を引かない時代が長らく続いた。墓碑銘や日誌などから分析される中世のヨーロッパ社会は、七歳くらいで「小さな大人」とみなされ、親元を離れて徒弟修業に出され、大人とともに働き、学び、遊んだ。ヴァザーリがルネサンスの本格的な始まりとする画家ジョットの「荘厳の聖母」（一三一〇年頃、図1-2）は、二次元の画面に三次元的な奥行きを与え、聖母子の内面に迫ったことが新しさとして評価されている。だが、玉座で聖母マリアに抱かれる幼子イエスの顔は、どこか子どもっぽくない。そう感じた読者は、ミシュレが生きた「ヨーロッパ近代」の感性の持ち主である。

二、森と魔女とメルヘンと

動き出した森――シェイクスピア『マクベス』

「信仰は聖書のみに基づく」とするルターのドイツ語訳聖書は、ローマ教皇による贖宥状の販売をはじめ、カトリック教会制度に対する批判の拠りどころになるとともに、「言葉こそ重要」との認識を人びとの間に広めた。それは、同じ一六世紀に宗教改革の波に洗われたイングランドやスコットランドでも同じであった。違っていたのは、聖書の翻訳が国王の命令で行われたことだろうか。

イングランドの女王エリザベス一世が崩御した一六〇三年、スコットランド国王ジェイムズ六世はイングランド国王（ジェイムズ一世）を兼任することになり、二つの王国は同じ君主を戴く同君連合となった。このとき、国教会の典礼用に国王が英訳を命じた聖書が欽定訳聖書（一六一一）である。イングランドではそれまでにも聖書の英訳はなされてきたし、ヨーロッパ全土からカトリック批判の聖職者が集結したジュネーヴでは、英訳聖書がすでに公刊されていた。だが、ジェイムズ一世が目ざしたのは、カトリックにも異なる（プロテスタントの）宗派にも受け入れられる英訳聖書、であった。従来の英訳を参考に、四七人の神学者がこの難題に挑んだ結果が、欽定訳聖書である。この聖書は移民によってアメリカをはじめ世界各地に広がり、イギリス帝国の拡大にともなってアフリカやアジアの現地語にも翻訳されることになる。

が活躍した時代でもあった。一六〇六年完成と推定される『マクベス』は、スコットランド国王ジェイムズのイングランド国王就任を意識して書かれたとされている。話は、スコットランド国王ダンカンの臣下であったマクベスが、妻と共謀して行った「国王殺し」を中心に、その後の彼の心の葛藤と錯乱に、殺された王の息子や忠臣たちの仇討ちが絡んで展開される。

勇敢な軍人、でもどこか小心という主人公マクベスを描くにあたり、シェイクスピアは、作品冒頭、雷鳴と稲妻を背景に三人の魔女を登場させている。「きれいはきたない、きたないはきれい」という有名なセリフを口にしながら、魔女たちは、国王ダンカンの命令でコーダーの領主を打ち破って帰還途上のマクベス（グラーミス領主）と出会った。三人の魔女はマクベスにこう語りかける。

魔女一　マクベス　万歳！グラーミスの領主さまよ。
魔女二　マクベス　万歳！コーダーの領主さまよ。
魔女三　マクベス　万歳！やがては王になろうお方よ。

『マクベス』第一幕第三場（大場健治訳、研究社）

この直後、魔女二の言う「未来」が実現したことで、マクベスは、妻の後押しで、三番目の魔女の言葉を実現すべく、野望と画策をめぐらせる。

人間は言葉の動物である。思っていることを言語化されると、心が動く。そこに、マクベスの運命、落とし穴も準備された。

マクベスは以後も、心に迷いが生じると、不安な気持ちを抱えて魔女たちに会いに森に足を運んだ。三人の魔女は上記のように、常に三人三様の答えを口にする。魔女一は現状を語り、魔女二はごく近い未来を、魔女三は少し遠くの未来を預言しているかのようだった。やがて「少し遠くの未来」を国王殺しで実現し、スコットランド王となったマクベスだが、心の安定は得られなかった。「友人バンクォーの子孫がスコットランド王になる」という魔女の預言に動揺した彼は、この親友殺しを命じた。彼以上に気丈で野心家の妻が正気を失って以後、マクベスの恐れと不安、妄想、猜疑心はどうしようもなくなった。自分が殺した前王の王子やその腹心らによるマクベス打倒の動きが迫るなか、不安にさいなまれたマクベスの前に、魔女たちに導かれた亡霊たちが現れる（第四幕第一場）。

第一の亡霊は兜をかぶった生首で、「マクダフには気をつけろ」と言う。マクダフはスコットランドの有力貴族で、マクベスの陰謀をおそれてイングランドに単身亡命したため、マクベスはその妻子を殺した。奴には気をつけねば、とマクベスは思う。第二の亡霊は血まみれの子どもで、「女から生まれたものは誰もマクベスを倒せない」と語った。女性から生まれない人間などいないのだから、マクダフも恐れるに足りない、とマクベスは思った。第三の亡霊は王冠をかぶった子どもで、手に枝を持って、「バーナムの森がダンシネインの丘の方へ来ない限り、敗北はない」と述べた。「森が動く」ことなどありえない。

安堵するマクベスに、伝令がこう報告した。「丘の上で見張りに立ち、バーナムの方を見ると、なんだか森が動き始めたようです。」（『マクベス』第五幕第五場）

森は動き、マクベスの運命も尽きた。なぜ森は動いたのか。「森が動く」とはどういうことなのか。

森林伐採のヨーロッパ

ヨーロッパという政治・経済・文化の空間は、森林伐採によって拓かれて出現した。古代ローマのカエサル（ジュリアス・シーザー）は『ガリア戦記』で、歴史家タキトゥスは『ゲルマニア』で、北はスカンディナビア半島から南はドナウ川あたりに広がる原生林のなかでゲルマンの人びとが暮らしていた、と語る。彼らは五世紀ごろから各地で定住を開始し、ブナやカシなどがうっそうと生い茂る落葉広葉樹林を開墾して、耕作や放牧のための土地を確保した。

森はゲルマンたちの世界で「アジール」、すなわち聖域、自由領域、避難所といった意味をもち、国王や諸侯、領主らの統治権が及ばない場とされた。複数の権力が入り混じる市場、日本の駆け込み寺などもアジールの一種である。それぞれに事情を抱えてコミュニティを追われた人びとも、アジールである森に逃げ込んできた。イングランド中部の町、ノッティンガムの北に広がるシャーウッドの森は、権力に抑圧された弱き人びとを守るロビンフッド伝説で知られる。似たような義賊伝説は、森と関わってヨーロッパ各地で認められる。深い森には盗賊や浮浪者の隠れ家があり、グリム童話の「ヘンゼルとグレーテル」のように、飢饉には親が子どもを捨てる場所でもあった。

恐怖と畏怖の対象であった森の開拓は、キリスト教の拡大とともに進んだ。一一世紀から一三世紀にかけての十字軍の時代はヨーロッパの開墾期でもあり、ドイツの原生林が失われていく時代でもあった。「石の文化圏」であった古代ギリシャ、ローマの地中海世界とは異なり、「森の文化圏」を中心とする中世ヨーロッパでは、領主の館も人びとの小屋も、教会も修道院も、木で作られた。家具、荷馬車、農機具にも木は不可欠であったし、川を渡る橋も木製だった。食材を煮炊きし、暖をとるのに必要な薪は、人びとが手にできる唯一の燃料であった。まずは地中海に、やがては大西洋のかなたへとくり出すための船の建材も、もちろん木材である。

一四世紀中ごろ、ペスト（黒死病）によるパンデミックでヨーロッパ全体の人口が激減し、森は一時的に回復したようだが、その後、一六世紀のヨーロッパでは、大量の木材を燃料として使う石鹸の製造やガラス産業が盛んになった。宗教戦争後の復興にも木材は大量に必要であり、森林伐採はさらに進んだ。比較的森林資源に恵まれたイングランドでも、スペインの脅威に備えて鉄砲や大砲の国産化を進めたテューダー朝（一四八五〜一六〇三）以降、森林伐採は急速に進展した。消滅していく木材に代わって石炭が燃料として使われるのは、一八世紀初頭、コークス高炉法で知られる製鉄業者、ダービー親子の時代である。

一七世紀初頭を舞台とする『マクベス』では、ダンカン王の遺児マルカム、マクベスが妻子を殺したマクダフ、親友バンクォーの遺児フリーアンス、及び彼らに加勢するイングランド軍が、木や枝を隠れ蓑にしながら、マクベスの居城へと進軍していった。今なお舞台演出家の腕の見せどころといわれる進軍の様子が、マクベスには、亡霊の預言通り、まるで森が動いているように見えたわけだ。だが、それは錯覚ではない。『マクベス』の時代、森は確実に動きはじめ、船に姿を変えて、ヨーロッパ北西角に位置するこの小さな島国の未来を大きく変えようとしていた。

オランダの海上発展とドイツの森

ドイツにはシュヴァルツヴァルト（黒い森）という大きな森がある。南北約一六〇キロに及ぶこの森はもともと原生林で、七世紀にベネディクト派修道会が最初に分け入ったと伝えられる。それ以来、周辺地域のガラス製造工場の増加に合わせて、一五世紀以降、ここから大量の木材が伐採された。なかでも長くまっすぐなモミの木の丸太は、ライン川下流のオランダ（ネーデルラント）に運ばれ、砂地や湿地での建設支柱として使われて、オランダ諸都市の繁栄を支えた。オランダの海上発展と直結する造船業を支えたのも、この森から切り出された木材であると、カール・ハーゼルの『森が語るドイツの歴史』はいう。一七世紀から一八世紀にかけて、年間二千隻に及ぶ大型船を建造したオランダの海運業も、アジアとヨーロッパを結ぶ東インド会社のネットワークも、この森がなければあり得なかった。

「黒い森」は、植林されたトウヒが密集する森が黒く見えることに由来するとされる。トウヒやモミのような針葉樹が植林される以前のこの森には、ブナやナラ、カシといった落葉広葉樹林植林がうっそうと生い茂っていた。度重なる森林伐採で森の地盤が弱くなっていったこと、技術革新で細い木が利用可能となったこと、さらには、モミよりも成長が早かったことから、植林には主にトウヒが選ばれたという。

森林伐採の弊害や森の消滅が危惧され、針葉樹への転換で森を再生する試みが始まったのは、一九世紀初頭前後のことである。同時期、ドイツの伝承を集めた『子どもと家庭の童話集』（初版、一八一二）、通称「グリム童話集」が刊行されており、その半数近くの昔話（メルヘン）で森が舞台となっている。このこと自体が、かつてそこに存在した森へのオマージュを感じさせる。昔話を収集、編纂したグリム兄弟が、ドイツの森とその消失を危惧していたことは間違いない。なにしろ、言語学者として有名な兄ヤーコプは、中世の慣習法における三〇〇〇例もの「森林法」の判例を『古判例集』にまとめた法学者でもあったのだから。森涼子の『グリム童話と森』によると、ドイツでは「森林条例」で一六世紀以来、森の保護が求められてきたが、グリム兄弟の時代は近代林学の成立期であり、「造林 Waldbau」という新語も生み出されたという。

一方、ドイツ文学者の國光圭子によれば、グリム兄弟は「森」に“Wald”（あるいはその複数形や変形の方言）という単語を当てており、英語の「森林」と同じ“Forest”は一度も使っていないという。ヤーコプが編纂に携わった『ドイツ語辞典』によると、“Wald”は「多重に入り組んだ森、荒涼とした地、野生動物や悪霊がいて人が入りこめない場所、境界」を意味し、「気味の悪い」「暗い」「寂しい」「危険」といった否定的な形容詞で語られた。それは、人間の安易な侵入を拒む「アジール」を連想させる。かたや“Forest”は、「保安林、敷地内林」など人為的に管理されるという意味合いが強いらしい。なるほど、グリム童話としてすぐに思い浮かぶ「赤ずきん」や「ヘンゼルとグレーテル」に出てくる「森」は、人を襲うオオカミが棲み、長く続いた飢饉で親が子どもを捨てる場所であり、人間の日常生活や居住空間とは切り離され、人を拒絶した恐ろしい空間として描かれている。

グリム兄弟の時代、そんな森はすでに消失し、再生のための植林が始まっていた。

グリム兄弟とシャルル・ペロー――「赤ずきん」をめぐる考察

ヤーコプとヴィルヘルムのグリム兄弟は、ヘッセンに生まれ、ともにマールブルク大学で学んだ。法学者でもあった兄ヤーコプは、『ドイツ語文法』で知られる言語学者でもあり、ドイツ語の特徴である「ウムラウト」や「強変化・弱変化」もヤーコプが作ったとされる。すぐ下の弟のヴィルヘルムは、言語学と文学、文献学を専門としており、二人は生涯行動をともにした。

一九世紀初頭、ロマン派の詩人クレメンス・ブレンターノに依頼されて、二人は民間伝承や昔話の収集に着手する。彼らが編纂した『子どもと家庭の童話集』は、一八一二年の初版以降、ヴィルヘルムが亡くなる二年前、一八五七年の第七版まで、物語の数を増やしながら読みつがれ、今なお根強い人気を保っている。各物語にグリム兄弟による改編が加えられていることも、「本当は恐ろしい」のタイトルを掲げる本が売れたことで、わたしたちもよく知る。改編の必要性とその内容には、時代の価値観が現れる。ここでは、わたしたちの多くにおなじみの「赤ずきん」を例に考えてみたい。

口承による昔話に関しては、「誰がその話を伝えたか」というインフォーマントの問題が重要になってくる。インフォーマントとは、フィールド調査で言語学者や人類学者に情報提供する人たちのこと。調査者（この場合はグリム兄弟）は、聞き取り（インタビュー）を通してインフォーマントから地域や文化の情報を引き出すことになる。インフォーマントと交わす対話を調査者が「聴きたい話」へと誘導することは避けたいし、インフォーマントの話には「裏取り」も必要である。調査者が情報提供者との対話から引き出す情報の中身（この場合は昔話）は、誰がインフォーマントかという問題と密接に関わっている。

さて、「赤ずきん」である。

「赤ずきん」という昔話のインフォーマントは、グリム兄弟と親交のあったヴィルト家の家政婦「マリーばあさん」とされてきた。よってグリム兄弟は（そして後世の研究者も）「赤ずきん」は「ドイツ固有の昔話」だと考えていた。ところが、一九七五年、グリム研究の大家ハインツ・レレケにより、「赤ずきん」のインフォーマントは別の家（ハッセンプフルーク家）の長女のマリーであることが文献学的に立証されたのである。こちらのマリーは一六世紀末にフランスからドイツに亡命したユグノーの末裔であり、グリム兄弟と出会ったころも家族の会話はフランス語でなされていたという。

ここから導き出される推論は、「赤ずきん」はドイツ固有の昔話ではなく、ユグノーの末裔であるマリーがなじんできた（と思われる）童話集、シャルル・ペローの『寓意のある昔話、またはコント集――がちょうおばさんの話』（一六九七）に所収された「フランスの昔話」である可能性が高い、ということである。

この事実により、「グリム童話のゲルマン起源説を信じ込んでいた多くの人びとの間に衝撃波が走った」ともいわれる。

「シンデレラ」「眠りの森の美女」といったフランスの昔話を収集したシャルル・ペロー（一六二八〜一七〇三）は、ルイ一四世時代の宮廷で活躍した知識人であり、ルイ一四世設立のアカデミー・フランセーズの会員でもある。ペローは、『ルイ大王の世紀』（一六八七）で、ルネサンス以降、質量ともに科学も文化も格段の飛躍を遂げたヨーロッパは古典古代に優ると語り、「優れているのは古代か、それとも自分たち近代か」という「新旧論争」に火をつけたことでも有名である。

ペローが集めた口承の昔話集はルイ一四世の姪に宛てられ、「民衆の暮らしを知ることは支配者である王族、貴族の責務」との意図から、各物語には当時フランスで流行していた「教訓」が添えられている。すなわち、ペローは、上流階級の女性向きに、巷に伝わる昔話をアレンジしたのである。

「赤ずきん」の場合、最も目立つアレンジは、文字通り「赤ずきん」、つまりかわいい少女に赤いずきんをかぶせたことだ。そのうえで、教訓として、「オオカミ、すなわち男性にはご用心あれ！」を謳った。近年の研究では、赤という色のシンボリズム、オオカミと少女がベッドのなかで交わす会話などから、性的なメッセージ性が強調されている。

これに対して、一九世紀初頭のグリム兄弟によるアレンジには、一七世紀末のペローとの時代差が現れた。「啓蒙の世紀」と呼ばれる一八世紀を通じて、ヨーロッパでは、子どもは大人とは異なり、庇護すべき存在であるという考え方が広がり、炉辺で語る昔話にも教育的配慮が必要とされたのである。児童文学者の金山愛子によれば、ペローの「赤ずきん」では、少女の母親は病気のおばあさんへの届け物（ガレットとバター壺）

を指示しただけだが、グリム兄弟の場合、母親は「横道に逸れないように」という言葉で赤ずきんを送り出している。この忠告を破ったことを赤ずきんは後悔することになるのだが、横道に逸れた理由として、グリム兄弟は「病気のおばあさんのために花を摘む」という子どもらしい理由をも忘れなかった。時代差は細部に宿るものである。

最大の違いは、結末にある。ペローは、おばあさんと赤ずきんがオオカミに食べられたところで話が終わり、上記の教訓となった。ところが、グリム兄弟の場合は、漁師が二人を救出し、かつオオカミ退治までするのである。子どもに語ることを意識した残酷さの希釈化とともに、一八世紀末以降、鉄砲の普及によって、狩猟権を持つ領主以外の村人にもオオカミ退治が可能になったという狩猟の歴史をも垣間見ることができる。

そうはいっても、グリム童話が「本当は恐ろしい」のは、「赤ずきん」がセクシュアリティや残酷さを抜きにして読むことが難しいからに他ならない。いかに書き直そうとも、口承で語り継がれてきた昔話には、かつてそこにあったリアリティが映し出される。日本では、暴力や死のいっさいを省き、オオカミが村人らと和解するハッピーエンドの「赤ずきん」の話が考案されたらしいが、普及していない。それではあまりに、森という空間の本質が欠けているからだろう。森には恐ろしいオオカミが棲む。だからこそ、木の伐採や野生動物の殺傷といった人間の暴力も許されてきたのである。

ゲッティンゲンの七教授事件

一八三〇年、グリム兄弟はそろって、ドイツ北西部、ハノーファー王国にあるゲッティンゲン大学に職を得た。兄ヤーコプはドイツ文法や文学、古文書学の教授職で、ヴィルヘルムは当初図書館司書であったが、まもなく文学部教授となり、学生たちの人気を集めた。一八三〇年といえば、歴史家ミシュレの生き方を大きく変えたフランス七月革命が起こった年。前年の一八二九年にはオスマン帝国からギリシャが独立し、ヨーロッパ各地で自由主義とナショナリズムの動きが顕在化した。一八三〇年八月にはベルギーが独立。ロシア支配下のポーランドでも一一月に反乱が起こり、一八三一年二月にはワルシャワでポーランド国民政府樹立が宣言された。だが、この一一月蜂起は結局ロシアによって弾圧される。一八三一年九月、ドイツ、シュトゥットガルトでワルシャワ陥落、反乱失敗の知らせを聞いたフレデリック・ショパンは、祖国復興の夢が破れた悲壮な想いを「革命のエチュード」（練習曲ハ短調作品一〇—一二）に滲ませた。

グリム兄弟の周辺も例外ではない。兄弟の名を歴史に深く刻むその事件が起きたのは、一八三七年のことであった。

二人が教授を務めるゲッティンゲン大学は、そのちょうど一〇〇年前の一七三七年、イギリスと同君連合の関係にあったハノーファー選帝侯ゲオルク・アウグスト（英国王としてはジョージ二世）によって設立された。「啓蒙の世紀」を反映して、神学ではなく科学を研究、教育の中心に据えた大学として注目された。一八三七年、イギリス君主に即位したヴィクトリア女王は、女性君主を否定する「サリカ法」のために、ハノーファー王国の王位継承はできず、一八世紀初めから続いたイギリスとハノーファーの同君連合はここで終わる。

問題は、ヴィクトリア女王に代わってハノーファーの新国王となった人物——ヴィクトリア女王の父方の叔父、カンバーランド公エルンスト・アウグスト（アーネスト・オーガスタス）である。「議会のなかの国王」という原則を貫くイギリスと同君連合の関係にあった一〇〇年のうちに、ハノーファー選帝侯領の時代から、王権を制限した立憲君主体制が育まれてきた。ところが、エルンスト・アウグストは、即位とともに、王権の制限を謳った憲法の破棄を宣言したのである。

これに対して、ゲッティンゲン大学の七人の教授が抗議文書を提出した。そのうちの二人が、ヤーコプ、ヴィルヘルムのグリム兄弟であった。この抗議文書に対して、国王アウグストはすぐさま、七教授の罷免を通告した。抗議文作成の中心メンバーであるヤーコプは三日のうちに国外追放を命じられ、中学時代を過ごしたヘッセン選帝侯国のカッセルに移り、弟ヴィルヘルムもそれに続いた。『ドイツ語辞典』の構想実現に向けて、兄弟の新たな二人三脚が始まった。

「ゲッティンゲン七教授事件」と呼ばれる出来事は、あっという間にドイツ各地の大学人や学生に、そして一般市民にも広がった。ヤーコプの弁明書『わが免職について』（一八三八）は、スイス、バーゼルで印刷されてドイツ各地に、いやヨーロッパじゅうに送られて大いに読まれた。「耐え難い専制政治」に異議申し立てをした七人の教授は、一八四〇年代、ドイツ統一と自由主義改革をめざす動きのなかで「ドイツ自由主義の祖」とみなされるようになる（図1-3）。後年、大学人が自らの尊厳をかけて「学問の自由」を守るべく、権力に抵抗する際には、この「ゲッティンゲンの七人」が引き合いにだされるようになった。

それでも、ハノーファー国王エルンスト・アウグストは、プロイセン国王フリードリヒ・ヴィルヘルム四世に向かって、「大学教授には祖国がない。娼婦や踊り子同様、金を払えばいくらでも買える」と豪語したと伝えられる。失職中のグリム兄弟をベルリン大学教授として招いた（一八四〇）プロイセン国王への皮肉なのか。ベルリン大学の設立者、アレクサンダー・フォン・フンボルトの支援もあって、グリム兄弟はベルリンで安定した大学人としての生活を送ることになった。

図1-3　ゲッティンゲン七教授事件の顕彰ブロンズ像（ハノーファー）

一八四八年のドイツ三月革命ののち、兄ヤーコプはドイツ統一と憲法制定をめざすフランクフルト国民議会の議員に選出された。ヤーコプの他にも「七教授事件」の三人がこの議会に加わった。「自由主義のドイツ」という点に異論はなかったが、その実現方法や統一ドイツの範囲、憲法に盛り込む内容などをめぐって議論は当初から拡散気味であり、統一ドイツ皇帝に選出されたプロイセン国王は自由主義的な憲法を受け入れず、皇帝位を拒否した。国民議会が可決した新憲法（「ドイツ民族の基本法」、一八四九年三月）には、ヤーコプが主張した一節、「すべてのドイツ人は自由である。ドイツの土地は隷属を許さない」は入れられなかった。会議のありかたに落胆したヤーコプは議員を辞し、ベルリン大学教授も辞職した。これに弟ヴィルヘルムも続いた。その後、二人に残された一〇年ほどの時間を、グリム兄弟は『ドイツ語辞典』

編纂と『子どもと家庭の童話集』の改訂に注いだ。彼らにとって、ドイツ統一とは何だったのだろうか。

一八一二年の初版から一八五七年の第七版まで、グリム童話集の序文には同じ内容の一節が綴られている。要約すれば、「言葉こそ民族の基盤、国民の拠るべきところ。そして森は、ドイツ国民の精神が宿る場所」となろう。かつてあった豊かな文学の多くが失われ、記憶すら残っていないなかで、昔話だけは世代を超えて語り継がれてきた。だから、昔話にこそ、「未来への種」も残されている。その「種」を育んだ場所が森であった。中世ヨーロッパでは「都市の空気は自由にする」と言われたが、ヨーロッパ近代においては、伐採で失われた森が、人を自由にしてきたのではなかったか。「赤ずきん」や「ヘンゼルとグレーテル」の行間から、そんな声が聞こえる気がする。

二人の死で第三巻目「F」で途絶えていた『ドイツ語辞典』は一九六〇年、全一六巻で完成を見た。忘れ去られてはならない貴重な人類の歴史的文書や記録などを保全し、公開することを目的とするユネスコ「世界記憶遺産」にグリム童話が登録されたのは、二〇〇五年のことであった。

第二章

「国民」を創造する——一枚の絵画から

はじめに

一六世紀から一八世紀にかけて、「近世」と呼ばれるヨーロッパの動きをざっとふりかえると、そこに浮かぶのは数多の戦争である。スペイン継承戦争（一七〇一）やオーストリア継承戦争（一七四〇～四八）といった名称が示すように、対立の主軸はフランスのブルボン家とオーストリアのハプスブルク家にあったと説明されることが多いが、ジョン・ダーウィンの『ティムール以後』によれば、一八世紀半ばまで、ヨーロッパ諸国間の均衡、いやユーラシア大陸全体のバランスは、フランスによって支えられていたという。同じブルボン家出身の君主を戴くスペインとの同盟関係を通じて、あるいはポーランドやオスマン帝国と結びながら、フランスは、オランダやイギリスとヨーロッパの覇権を争い、プロイセンとロシアの東欧進出を阻んできた。

一八世紀半ば以降、「同盟か対立か」の構図は目まぐるしく変わる。七年戦争（一七五六～六三）で、フランスは、イタリア戦争以来の宿敵オーストリアと同盟を結び、オーストリアとイギリスとの協力関係を阻むと同時に、プロイセンをも抑え込もうとした。憎み合っていた二つの王家が手を組む「外交革命」は、ヨーロッパにおけるフランス優位の「終わりの始まり」でもあった。フランスの後退は大西洋上でも明らかで、一七五九年、北米のフランス領ケベック（カナダ）の平原で、ジェイムズ・ウルフ将軍率いるイギリス軍勝利の激震は、フランスと同盟関係にあったスペイン領アメリカの諸地域にも及んだ。

「同盟か対立か」は、この時期の国家主権を担う君主の「気持ち」次第という側面もあった。七年戦争中の一七六二年に即位したロシア皇帝ピョートル三世は、フランスのヴォルテールとの交流で知られるプロイセンのフリードリヒ大王（二世）を崇拝するあまり、即位とともにプロイセンと即時講和し、それまでにこの戦争で得ていた領地をすべてプロイセンに返還した。そんな夫をクーデターで廃位（最終的には殺害）し、自ら皇帝となったエカチェリーナ二世（在位一七六二〜九六）は、フランスの庇護を失った近世ヨーロッパの大国ポーランドを地図上から消し去って、東欧におけるパワーバランスを大きく変えた。以後、ロシアはヨーロッパとアジアの双方で支配領域を拡大し、南下政策ではオスマン帝国と、東への拡大では中国・清王朝と衝突して、ユーラシア大陸全体の構図を変化させる。

『ティムール以後』によれば、一五世紀以降の世界史をユーラシア大陸のスケールで捉えると、この大陸がヨーロッパ優位へと動き始めるのは七年戦争以後、一八世紀後半から一八三〇年代のことである。この八〇年ほどの間に、勢力均衡の主軸であったがゆえにフランスが引き受けてきた代償（すなわち財政破綻）が大きな原因となってフランス革命が起こると、ヨーロッパからロシアにかけての広い地域が巻き込まれた。と同時に、他国の干渉を阻止するフランス「防衛」戦争は、一八世紀末、ナポレオンによるヨーロッパ「侵略」戦争へと変わった。いつの世も、防衛と侵略は表裏一体である。

一八一四年四月、連合軍のパリ入城を受けて退位を宣言したナポレオンは、地中海に浮かぶ小さいながらも公国であったエルバ島の統治権を与えられ、フランスを去った。だが、ナポレオンは一年ほどのちにエルバ島を脱出し、王政復古の混乱に乗じて、一八一五年三月、再びパリに戻り、権力の座に返り咲いた。そんな彼にとどめを刺したのが、一八一五年六月一八日のワーテルローの戦いの敗北であった。ナポレオンは同年十月、ヨーロッパとアジアを航行する船の補給地となってきた南大西洋上の孤島、アフリカ大陸西岸二〇〇〇キロ余りにあるイギリス領セントヘレナ島に流刑となり、一八二一年、ここでその生涯を終えた。

ナポレオン戦争後のヨーロッパをリードしたのはイギリスである。イギリスではその後、ワーテルローのく模様を読み解いてみたい。戦勝が神話化され、さまざま絵画に描かれた。ここではそのなかの一枚をとりあげ、イギリスの覇権が芽吹く模様を読み解いてみたい。

一、名誉革命とフランス革命のはざまに

ワーテルローの戦勝官報を読むチェルシー年金受給者たち

イギリス、オランダ、プロイセンの連合軍がフランス軍に勝利したワーテルローの戦いの構図として最も有名なのは、戦勝国イギリスの画家ウィリアム・サドラーの一群の作品であろう。砲火の煙の向こうから響き渡る銃声が聞こえてくるかのような臨場感漂う構図（図2-1）からは、膨大な数の兵士がこの戦いに関わっていたことが伝わってくる。

躍動感では、ロバート・ヒリングフォードも負けてはいない（図2-2）。イギリス兵士たちを馬上で鼓舞する中央の人物が、イギリス陸軍総司令官、ウェリントン公アーサー・ウェルズリー（一七六九～一八五二）である。アイルランド貴族の三男で、軍人としての階級は陸軍元帥。ナポレオン戦争での活躍と功績から、一八〇九年にウェリントン子爵、一八一二年には伯爵、そして侯爵となり、ワーテルローの戦いの前年には貴族最高位である公爵を授与された。ナポレオンを破った英雄ウェリントンの名は、今なおロンドンのハイドパーク・コーナーにそびえるウェリントン・アーチをはじめ、イギリス各地の記念碑に見ることができる。

ワーテルローの戦いを描いた多くの絵画は、ウェリントン自身がロンドンの私邸、アプスリーハウスに集めており、一八五二年の彼の死後は、その名も「ワーテルローの戦いの間」にて一般公開され、現在に至っ

図 2-1　ウィリアム・サドラー「ワーテルローの戦い」(1815)

図 2-2　ロバート・ヒリングフォード
「ワーテルローのウェリントン」(1890 年頃)

ている。ここでとりあげるのもそのなかの一枚で、正式な作品名を「ワーテルローの戦いを報じる一八一五年六月二二日木曜日の官報を受け取るチェルシー年金受給者たち!!!」という(図2-3)。「ワーテルローの戦勝官報を読むチェルシー年金受給者たち」と略されることが多いが、いささか長いので、以下、「チェルシー年金受給者たち」と呼ぶことにする。

この絵は、実際の戦いから七年後の一八二二年五月、王立美術院(ロイヤル・アカデミー)の夏期展覧会で一般公開され、閲覧者総数九万人越えという大変な人気を博した。この絵を見ようと展示会場の外には連日長蛇の列ができ、会

図2-3　デイヴィッド・ウィルキー「ワーテルローの戦いを報じる1815年6月22日木曜日の官報を受け取るチェルシー年金受給者たち!!!」(1822)

場内でも絵に近づく人があまりにも多かったため、絵画の前に（現在わたしたちがよく目にするような）鉄柵を置く対策がとられた初めての作品、と記録される。ウェリントンの記念像の制作・設置がイギリス各地で展開された一八四〇年代には、この絵の複製画が大量に出回った。

サドラーやヒリングフォードらの絵画同様、この絵にも多くの人物が描かれているが、場所はワーテルローの戦場ではない。作品名にあるように、この絵の背景は、ワーテルローの戦いの四日後の六月二二日、場所はロンドン、画面左奥にそびえる鐘楼で知られるチェルシー王立廃兵院近くの路地、である。この日ここに集まった人びとが、ウェリントン率いるイギリス軍の勝利を正式に伝える官報の朗読に耳を傾け、戦勝を喜び合うという架空の構図である。

これを描いたのは、当時の人気画家、スコットランド出身のデイヴィッド・ウィルキー（一七八五～一八四一）だ。一八一一年に王立美術院会員に選ばれ、この絵の公開の翌一八二三年には、皇太子時代から知己を得ていた国王ジョージ四世（在位一八二〇～三〇）の宮廷画家に任ぜられた。その後ウィリアム四世（在位一八三〇～三七）のお抱え画家としても活躍し、続くヴィクトリア女王もウィルキーを宮廷画家に指名した。イギリスがヨーロッパの覇者となっていく一九世紀前半を代表する画家である。肖像画と風俗画を得意とするウィルキー独特の構図や表現方法には制作依頼が引きも切らず、よって、ワーテルローの戦いの翌年にこの絵を発注した依頼主も、絵の完成までには、当初約束の二年を大幅に上回る六年間も待たされることになった。

その依頼主とは、ウェリントン公その人である。一八一六年八月、ウェリントンからの依頼を、ウィルキーは日記にこう書き留めている。「老いた元兵士らが戸外に集まって語り合う。そんな場面を描いてほしい」——。このとき、画家の脳裏にはすぐさま、ワーテルローの戦勝官報の朗読に耳を傾ける人びと、という構図がひらめいたという。戦闘当日（六月一八日）ではなく、戦勝の公式発表日（六月二二日）を選んだのは、それが「あのときのわたし」を即座に思い出せる「記憶の共有装置」としての役割が期待できたからだろう。

だが、その後、ウェリントンの要望に合わせて、構図はころころと変化した。現存するだけでも八〇枚を超えるこの絵の習作がそれを物語る。ウィルキーは、ウェリントンと面談するたびに習作を準備し、彼の希望を構図に反映させようと努めた。ウェリントンが構図を最終的に了解したのは一八一九年七月だが、それ以後も絵画の登場人物は増えつづけ、一八二二年四月の完成時には六〇名をゆうに超えた。

ウィルキーは、主要な登場人物、たとえば、戦勝官報を届けた馬上の兵士や官報を朗読するチェルシー廃兵院の元兵士、それを聴くテーブル周辺の男たち（＝元兵士）の「来歴」を明確に設定している。それ以外にも、ウィルキー自身の故郷スコットランドの民族衣装キルト（膝までの男物のスカート）に身をつつんだ兵士たちは、当時にあってはその姿自体が「物言う存在」であった。ウェリントンの希望にはなかった女性や子どもの姿がいくつも描かれたことも興味深い。この多様性こそ、作品名に「ワーテルローの戦い」を掲げた他の絵画と一線を画する、この絵画の特徴でもある。

イギリスの歴史家リンダ・コリーは、この多様性に「戦争が作った国民の姿」を認め、『イギリス国民の誕生』のエピローグにこの絵を掲げた。本章冒頭で見たように、一八世紀後半から一九世紀にかけてのフランスとの戦争は、島国イギリスにヨーロッパの覇権と海上発展とをもたらすとともに、イギリス国内の地域差を覆い隠す「国民」というまとまりを創造してきたことは間違いない。ウェリントンが要請した「老いた元兵士が語り合う」という構図は、「戦争が作った国民の姿」に他ならない。

だが、画家ウィルキーがワーテルローの戦勝（正しくは戦勝後）に見たものは、多少違っていたようである。この戦勝に、画家は、「国民の誕生」ではなく、むしろ新たな苦悩の始まり――「近代」という時代と世界が背負い込むことになる「何か」を感じとったのではないだろうか。その「何か」は、制作期限を大幅に超えたがゆえに目撃した「ある現実」と関係していたと思われる。依頼主の意向を大幅に超える登場人物の多様性は、単純に「国民の多様性」ではないようだ。

画家ウィルキーはワーテルローの戦勝に何を感じとったのか。それをこの一枚の絵のなかに探っていこう。

近世ヨーロッパ再考

本章冒頭で見たように、ヨーロッパ近世は戦争の時代であった。戦闘には多くの兵士が投入され、戦場では民衆も巻き込まれたが、彼らは単一の「国民」ではなく、君主の民、「臣民」であった。「国民」という言葉が意味を持つのは、君主が代表してきた国家主権が「国民」に負託され、多くの場合は「国民」を代表する議会代表を選ぶ選挙権が与えられた人たちについて、である。フランス革命以降のヨーロッパ近代は、まずは中産階級、ブルジョアジーを中心とする「国民化」の波が、選挙権付与という形で労働者へと拡大していく時代として叙述されてきた。このとき参政権からはじかれた女性たちが、一九世紀後半から二〇世紀にかけて、選挙権を求める動きは、第一次フェミニズム運動とも呼ばれる。

「国民」がキー概念となる以前、一七、一八世紀のヨーロッパは、「近世」すなわち「初期近代（アーリー・モダン）」と呼ばれ、国家主権を代表する君主による「絶対主義」「絶対王政」の時代として語られることが多かった。しかしながら、二〇世紀末以降、この見方は大きく修正されつつある。主権を有する君主がけっして「絶対」ではなかったことがさまざまわかってきたからである。

宗教対立や王位継承をめぐる争いが相次いだヨーロッパ近世において、王権は、戦費調達のために、身分や地域に根ざした伝統的な利益集団——貴族やギルド（同業組合）、都市や村落の共同体などの「中間団体（社団）」との交渉や調整をたえずよぎなくされた。国王はこうした中間団体に特権を与え、彼らを媒介として支配を行っていたのであり、ゆえに、その権力はけっして絶対的なものではなかった。近世を「社団国家」として捉える見方は、二宮宏之ら「絶対王政」の典型として語られてきたフランス史研究者の研究成果でもある。それらを受けて、歴史教科書は近年、「絶対主義」という言葉を控える傾向にある。

もうひとつ、ヨーロッパ近世を見る目を変えつつあるのは、ヨーロッパという空間をより広域で捉え直し、そこに、中世の「封建国家」とも近代の「国民国家」とも異なる、独自の国家のありようを読み取ろうとする動きである。「近代化」を「国民国家」を到達目標とする直線的（ゆえに進歩的）な道筋とは捉えず、それ以外の国家のありかたを近世に探ろうとする動きは、「ヨーロッパとは何か」の再考に他ならない。それは、東中欧、すなわちオーストリアやハンガリー、ポーランド、さらには北欧諸国を射程に入れて、西欧に偏向したヨーロッパ像を修正しようとする試みであり、「王を選出する社団」という篠塚琢、中澤達哉らのハプスブルク帝国研究はその代表例でもある。近藤和彦、岩井淳といったイギリス近世史の専門家たちが紹介、展開する複合国家や複合君主政の議論からは、東中欧や北欧のみならず、西欧諸国もまた、同じ君主のもと、複数の地域がそれぞれに自立性を保ち、互いに干渉せず、主権者である君主と交渉、調停していた様子が見えてくる。地域間の結びつきは決して一様ではなく、かつ可変的であったことから、近世ヨーロッパを「礫岩国家」と見る見方も広がっている。

こうしたヨーロッパ近世の見直しは、冷戦体制崩壊後、超国家的枠組みであるヨーロッパ連合（ＥＵ）の東への拡大と呼応するものでもあろう。ＥＵの存在によって国家と地域の関係に見直しが迫られ、そのなかで、「国民国家」をいわば「完成形」と見なしてきた従来の考え方にも修正が必要となった。それが、「近代」とは異なる独自の価値をヨーロッパ近世に見出す動きにつながったと思われる。

現在が変われば過去を見る目も変わり、そこで交わす対話も違ってくる。

習作のなかのスコットランド人

複合国家論にしたがえば、イギリスもまた、一六〇三年に同じステュアート家の君主（第一章で見たジェイムズ一世）を戴いたイングランド王国とスコットランド王国、そして同時期にイングランド国王を君主として半ば植民地状態にあったアイルランドから構成される、典型的な複合国家であった。議会主権を確立し

図 2-4　ウィルキー「チェルシー年金受給者たち」
（1819 年の習作）

た名誉革命（一六八八～八九）、イングランドとスコットランドの合同（一七〇七）、そしてナポレオン戦争中のアイルランドとの合同（一八〇一）といった連合王国再編は、各々の地域の人びとに、画一的な「国民」ではなく、複数のアイデンティティを育んでいったと考えられる。ウィルキーの「チェルシー年金受給者たち」は、歴史画と風俗画の要素が絡み合った「読む絵画」であるがゆえに、この複数性も明快である。

ウィルキーは習作の段階から、タータンチェックのキルト姿のスコットランド兵士の配置に強いこだわりを見せている。一八一九年の習作（図2-4）では、右手前で、陸軍の赤い上衣に緑のタータンチェックのキルト、赤いハイソックスを履いたハイランド部隊の兵士が、「高い、高い！」と子どもをあやしている。子どもに向ける彼の微笑みはとても柔らかい。

茶色のインクで描かれた別の習作デッサン（図2-5）にも、直立して子どもを「高い、高い！」するキルト姿の男性がいる。視線の方向からすると、先の兵士同様、この男性も画面右側にいるようだが、その立ち位置はどうだろうか。このスケッチと同じ一八一九年、画面向かって右前方を描いた別の習作（図2-6）では、キルト姿のハイランド兵はより中央（つまりこの習作では左端）にいる。その隣のバグパイプ奏者も元兵士なのだろう、義足である。ウィルキーがハイランド兵士の配置やその表現方法を試行錯誤していた痕跡がはっきりとうかがえる。

キルト姿のハイランド兵士へのこだわりは、ウィル

図 2-5 「チェルシー年金受給者たち」の習作と思しき無題のスケッチ（1819-21）

図 2-6 「チェルシー年金受給者たち」の画面右前方を描いた無題のスケッチ（1819-21）

キーがスコットランド出身であったこととも無関係ではあるまい。彼はファイフ州の村で教区牧師の息子として生まれた。ファイフ州には、かつてローマと戦った古代ピクト人の王国があり、東部にはゴルフ発祥地として知られるセント・アンドリューズという町がある。ウィルキーはエディンバラで美術を学んだのち、二〇歳でロンドンに出て、二四歳で王立美術院の準会員に、二六歳でその会員に選ばれた。ロンドンでウィルキーをとりたてたのは、皇太子時代のジョージ四世である。一八二二年、チャールズ二世以来、一七一年ぶりとなるジョージ四世のスコットランド訪問、「ジョージ四世のホリールード宮入城」（一八二二～二八）を描いたのもウィルキーだ。そして、王室と深く関わる彼がハイランド兵士の配置と表現に拘泥したのも、一七一年もの間、君主がスコットランド訪問を避けてきた理由と関わっていた。

名誉革命とジャコバイト

イングランドとスコットランドが合同して連合王国（グレートブリテン）が成立する少し前、両国は議会主導で大きな政治的変化を経験した。国王から議会への実質的な主権の移動である。両国の議会は、カトリック信仰を公言する国王ジェイムズ二世（スコットランド王としては七世）を廃位し、議会主権を定めた「権利の宣言」（一六八九年に「権利の章典」として成文化）の承認と引き換えに、ジェイムズ二世の長女メアリ（二世）、メアリの夫でオランダ総督のウィレム（ウィリアム三世）の即位と共同統治を認めた。長女メアリと妹アン（ウィリアム三世の後継となるアン女王）は、カトリックではなくイギリス国教会の信仰と教育のなかで育ったが、それは、姉妹の伯父、ジェイムズ二世の兄であるチャールズ二世（在位一六六〇～八五）の配慮でもあった。

だが、この「名誉革命」に異議を唱える人びとがいた。廃位されたジェイムズ二世とその長男（再婚したカトリックの妻、北イタリアのモデナ公国出身のメアリ王妃との間に生まれたジェイムズ・フランシス・エドワード）を支持する人びとで、「ジェイムズ」のラテン語読みから、「ジャコバイト」と呼ばれた。スコットランド北部のハイランドを拠点に、ジャコバイトは、新国王であるメアリ二世とウィリアム三世に対峙した。「名誉革命」とは、「議会のなかの国王」という原則によって国王の権限を制限し、議会政治の基礎を物理的暴力なしに、すなわち血を流さずに築いたという意味で、「名誉」を冠した政治革命とされる。だが、それはイングランド中心史観であり、実際には、同じ君主を戴くスコットランドやアイルランドで多くの血が流された。

アイルランド議会は、ジェイムズ二世と組んだジャコバイトの貴族を中心に、ロンドンの議会決定に従わず、ジェームズ二世が君主であるとして、ウィリアム三世率いるイングランド軍に戦いを挑んだ。だが、一六九〇年、ボイン川の戦いで敗北。ジェイムズは、自分を支持して傷ついた多くのジャコバイトを見捨てて、命からがら亡命先のフランスに戻ったと伝えられる。以後、アイルランドでは、イングランドとスコットランドによる土地の収奪、「植民地化」が本格化することになる。

一方、スコットランドのジャコバイトは、その後もたびたび反乱を起こし、名誉革命体制を揺さぶりつづけた。ウィリアム三世は一七〇一年、王位継承法を制定して、「国王はステュアート家の血を引くプロテスタント」という原則を定めた。これに従って、アン女王の死後、ハノーヴァー（ハノーファー）王家のジョージ（一世）が即位すると、翌一七一五年、ジャコバイトはジェイムズ二世の長男をリーダーに挙兵した。

ジャコバイトの存在とその脅威は、一七四五年、ジェイムズ二世の孫のチャールズ・エドワード、愛称ボニー・プリンス・チャーリーが、亡命先のフランスからスコットランドに上陸したことで、ピークを迎えた。一時はエディンバラを制圧し、イングランド中部ダービーまで南下したが、しだいに勢いは衰えて北へと押し戻され、一七四六年、ハイランドのカロデン平原で連合王国軍に敗れた。

その後、スコットランドでは、「ハイランド・クリアランス」と呼ばれるジャコバイト一掃の動きが始まった。彼らの血縁集団である氏族(クラン)は解体され、クラン姓の使用も禁じられた。バグパイプは「武器」として使用禁止となり、民族衣装タータンチェックのキルト着用も禁じられた。彼らの文化が破壊されるなか、故郷を捨て、大西洋の向こう岸、北米植民地への移民を決意する者も少なくなかった。ジャコバイトの残党とその家族が一七七五年にはじまるアメリカ独立戦争に巻き込まれるのも、時間の問題であった。

タータンの復活

こうしたハイランドの「ジャコバイトたたき」が鎮まっていくのは、フランス革命前後から一九世紀初頭のナポレオン戦争期であったと思われる。そこには、ロンドン・タータンチェック協会の設立(一七七八)、タータン着用禁止令の解除(一七八二)とともに、タータンを含むハイランドの文化と歴史を美化したロマン主義の影響が指摘される。この「和解」に拍車をかけたのが、先述した一七二年ぶりの国王ジョージ四世のエディンバラ巡幸であった。時に一八二二年――「チェルシー年金受給者たち」が王立美術院の展覧会で大人気を博した年のことである。

一八二二年の式典を主導したのは、クランごとに模様や色が異なるタータン(クラン・タータン)の保存を推し進めたデイヴィッド・スチュアートとスコットランドの文豪ウォルター・スコットであった。式典当

図 2-7　フランシスコ・デ・ゴヤ「マドリード、1808 年 5 月 3 日（プリンシペ・ピオの丘での虐殺）」(1814)

日には参加者全員にキルトの着用が義務付けられ、その先頭にキルト姿のジョージ四世の姿があった。これがキルトを野蛮視してきたローランド（スコットランド南部）の人びとの認識を大きく変えるとともに、クランとは無関係の配色のタータンチェック・ブームをもたらした。

かくして、ナポレオン戦争のなかで、ハイランドのタータンは、「抵抗」のシンボルから「スコットランド伝統文化」へと変質していった。ウィルキーの「チェルシー年金受給者たち」は、この変化のまっただなかで描かれたことになる。それこそが、どこにタータンチェックのキルト姿を置くべきか、ウィルキーが試行錯誤した理由でもあった。

ウィルキーは、完成した作品では、ハイランド兵士をカンバスの前景から後景へと移動させ、同時に、戦勝官報を読む人物の近く（よってこの絵を見る者の目をひく場所）に、ジャコバイトの過去を忍び込ませた。朗読者の左隣の元兵士を、「一八一一年、バロッサの戦いで第四二歩兵連隊（ブラック・ウォッチ）

に所属していた軍曹」としたのである。バロッサの戦いとは、イベリア半島を舞台とする「半島戦争」のひとつで、スペイン、ポルトガル、イギリスの連合軍がフランス軍と戦った。「半島戦争」の熾烈さは、ゴヤが描いた絵画（図2-7）でつとに知られる。バロッサの戦いで巻き返したイギリス軍は、イベリア半島からフランス軍を追い出すことに成功した。この戦いで功績をあげたのがブラック・ウォッチである。

彼らの紺と暗緑色のタータンは、一七一五年のジャコバイトの反乱後、その余韻のなかで設立された歩兵部隊に由来する。ジャコバイトの監視（ウォッチ）と反乱防止という理由から命名され、一七三九年に着用が許可された。その背景には、軍警察の役割を果たす彼らを、陸軍正規軍のレッドコートと区別する意味合いもあったようである。広くハイランド部隊に配られたこのタータン姿の兵士は、バロッサの戦いのみならず、ナポレオンとの戦いの場で広く認められた。そのなかに、「ジャコバイトの過去」を抱えた兵士たちもたくさんいたであろう。

ハイランドの人びとは「M」で始まる五つの職業に就き、望郷の念を強め、自分たちのアイデンティティを保持してきたといわれる。五つのM——それは、海事（Maritime）、商業（Mercantile）、医学（Medicine）、伝道（Missionary）、そして何よりも軍隊（Military）であった。

チェルシー王立廃兵院

すでに述べたように、この絵の場所を特定する手がかりとなる画面左奥の鐘楼は、チェルシー王立廃兵院にある。廃兵院とは、戦争で負傷して生活能力を失った軍人や兵士を収容する施設であり、フランスのルイ一四世がパリ、セーヌ河畔に造ったオテル・デ・ザンヴァリッド（通称の「アンヴァリッド」は「病身、傷病兵」

の意味）が有名である。一六七四年から収容が開始され、ルイ九世（聖王ルイ）の遺体安置（一七〇六）のために造られたドーム教会には、一九世紀前半、地下に墓所が設けられ、セントヘレナ島から送られたナポレオン一世の遺体もここに安置された（一八六一）。兵舎、病院、ホスピス、礼拝堂といった複数の機能を併せ持つパリの廃兵院は現在軍事博物館となったが、傷病兵や退役兵士らも暮らしている。ちなみに、数万人規模の負傷兵を出した日露戦争（一九〇四～〇五）を契機に、日本に置かれた廃兵院は、フランスのこのオテル・デ・ザンヴァリッドがモデルである。

イングランドでフランスの事例に倣った廃兵院設立の計画がもちあがったのは、一六八一年のことであった。その建築を国王チャールズ二世から託されたのは、王の親しい友人で、ロンドン大火（一六六六）後の首都復興やセントポール大聖堂の設計で知られるクリストファ・レンである。テムズ川に沿って東西にのびるチェルシーの地に、レンの手になる赤レンガ造りの廃兵院が完成したのは、名誉革命後の一六九二年のことだった。廃兵院収容者は当初から、院内では青、外出時には赤の衣服を着用するのが習わしであり、これが「チェルシー年金受給者たち」という絵を読む手がかりともなる。

この絵に描かれた人びとの多くは、現役の兵士ではなく、「近い過去」に戦争を経験した元兵士たちであり、廃兵院を絵画の舞台として選んだのは、依頼主のウェリントン公その人であった。ウェリントンは、自分が総指揮官を務めたワーテルローの戦勝のことを、それまでの戦い（イギリスがヨーロッパの覇権を握っていった一八世紀後半以降の対仏戦争、一九世紀初頭のナポレオン戦争）に参加し、傷つき、今は老いて廃兵院で暮らす元兵士たちが、自分たちの戦いをなつかしく思い出し、語り合う契機になると考えていたようである。言い換えれば、ウェリントンは、ワーテルローの戦いそのものではなく、その「記憶」を描く画家を探してお

図 2-8 J・M・W・ターナー「ワーテルローの戦場」(1818)

り、そのために選ばれたのが、風俗画を得意とするウィルキーであったのだ。

だが、ウィルキーは、老兵らが集う場を、廃兵院そのものではなく、廃兵院近くの路地裏に設定した。それによって、ウェリントンの頭にあった「戦争の記憶の構図」を大きく上回る多様な人びとを登場させることが可能になった。と同時に、廃兵院近くの路地裏(そこにあるパブの前)という構図設定は、「廃兵院ならば当然あってしかるべき存在」を隠す役割をも担うことになった。ナポレオンとの戦いが続いていた一八一三年、廃兵院を訪れたあるジャーナリストによれば、「廃兵院に向かう方角がすぐにわかるのは、手足を失った数多の兵士の姿から」であり、取材に応じた兵士たちは「目が見えず、耳も聞こえず、ぼけていた」(リチャード・フィリップス『ロンドンからキューへの朝の散策』、一八二〇年)。廃兵院にこそ、戦争の現実もあったはずだ。

一八一七年、ワーテルローの戦場を訪れ、戦いの跡地を歩き回り、現地の人びとに話を聞いて回った画家ターナーは、「犠牲者こそ主役」を実感し、翌一八一八年、王立美術院展に「ワーテルローの戦場」を出品した（図2-8）。イギリスの勝利を讃えることなく、愛国的でもなく、ただただ戦争という暴力が敵味方の双方にもたらす悲劇的な結末を描いた、とターナーは記している。絵の横に添えられていたのは、バイロンの物語詩『チャイルド・ハロルドの巡礼』からのこんな一節だった。「友も敵も、一つの赤い埋葬に溶け込んだ。」

ワーテルローの戦勝の知らせに、自分の戦争体験をなつかしく重ねられる元兵士とはどんな人たちなのだろう。戦争の暴力と戦場の野蛮さ、悲惨さを知るはずのウェリントンは、どんな「戦争の記憶」を可視化したかったのだろうか。

二、アメリカ独立革命とフランス革命——環大西洋世界の展開

拡大するヨーロッパの時空間

大航海時代に大西洋上に飛び出した西欧諸国は、この大洋のかなたに植民地を切り拓き、そこで宗教や政治、貧困や犯罪といった国内諸問題の解決を図ろうとしてきた。私有財産権や所有権、国家主権、自由主義、民主主義といったヨーロッパで生まれた言葉も概念も、あっというまに大西洋を越えた。啓蒙思想が支えた一八世紀ヨーロッパの戦争は、ヨーロッパのみならず、大西洋の向こう岸、南北アメリカを巻き込んで展開されたのであり、植民地アメリカの独立運動、その直後に起きたフランス革命は、一八世紀後半のヨーロッパ世界を環大西洋世界として捉えるよう、わたしたちの目線を促す。その意味でも、ウィルキーは、この二つの革命を経験した時代の申し子であった。「チェルシー年金受給者たち」の考察を続けよう。

この絵の舞台である路地に面して、二つのパブの看板が見える。「ヨーク公」と「スノーシューズ」である。「ヨーク公」は王族が有する称号であり、たとえばニューヨークは文字通り、ヨーク公を領主とする植民地として始まった。植民地アメリカの王領植民地では、国王が総督や議員を直接任命し、総督には課税や土地の供与などの権限が与えられた。議会は植民地に関する立法権を持つが、総督はそれに対する拒否権を行使できた。王領植民地を増やしてきた本国イギリスに対して、独立戦争に向かう時期の植民地アメリカは、議会を足場に自治権の拡大で対抗した。

パブ「ヨーク公」の奥、「スノーシューズ」というパブの看板にも、植民地時代のアメリカにおける対仏戦争の記憶がこびりついている。それは、七年戦争（一七五六〜六三）と併行するフレンチ・インディアン戦争の一幕、一七五八年三月、英仏の領地が近接するジョージ湖付近で行われた戦闘の際、英軍がスノー・シューズ（かんじき）を履いていたことにちなむ戦いの名称である。フランス軍の偵察に向かったロバート・ロジャーズ率いるイギリス部隊に対して、フランス軍は現地に馴れた先住民中心の戦闘員を送り込み、ロジャーズ隊はほぼ壊滅した。死んだと思われたロジャーズが、丘の斜面から四〇〇フィート（一二〇メートル余り）下の凍ったジョージ湖の湖面に滑り降りて無事だった、という伝説で知られるのが、「スノーシューズを履いた戦い」である。

こうした背景とともに、この絵画で環大西洋世界を具現化しているのは、ウェリントンの依頼に応えてウィルキーが設定した、「ワーテルローの戦勝に自らの戦いを重ねてなつかしく語り合う元兵士たち」の来歴であった。

ワーテルローの戦勝官報

「チェルシー年金受給者たち」が共有する記憶の日時は、先述したように、ワーテルローの戦いの四日後、戦勝をイギリス社会に公式に伝える官報（ガゼット）が出された一八一五年六月二二日である。この四日間に戦勝はどのように伝えられたのだろうか。

一八一五年六月一八日、当時のネーデルランド連合王国に位置するワーテルロー近郊（現ベルギー）で、イギリス、オランダ、プロイセンの連合軍がナポレオン一世率いるフランス軍を破った瞬間、総指揮官ウェリントンは陸軍本部が置かれたワーテルローにいた。彼は副官や将校らの死亡報告を受けたのち、翌一九日、陸軍省主席書記官バサースト伯爵宛てに、戦勝の第一報となる特報を記した。フランス軍の集中砲火が始まった六月一〇日以降の戦況、戦功をあげた軍人の名などが、詳細に、いささかわかりづらい言葉で綴られた特報は、ウェリントンの副官のひとり、ヘンリー・パーシーによってイギリスに運ばれた。六月二一日午後一〇時ごろ、特報はロンドン中心部、セント・ジェイムズ広場一六番地の東インド・クラブの晩餐会に出席していた皇太子ジョージ（のちの四世）に、戦場近くで捕獲された二羽の鷲とともに届けられた。

この特報にはまもなく、ウェリントンが言及していない指揮官の功績や陣形を評価すべきであるという物言いがつき、物議を醸すことになる。だが、ウェリントンが筆を奮ったこの特報は、ワーテルローの戦いを「ウェリントンの戦い」として印象づけるとともに、その戦勝をナポレオンとの戦いの集大成とする見方を創り出し、この戦いの「神話化」を進めた。神話化に何よりも貢献したのが、ウェリントンの特報をそのまま転載した六月二二日の官報であった。

この官報は四頁から成り、うち三頁が戦況を伝えるウェリントンの説明文、つまり（わかりづらいが）勝利宣言である。最後の一頁には、この戦いにおける戦死者、負傷者の名前がずらりと掲載された。その意味でも、官報発行の六月二二日は、ウェリントンが望む「記憶の共同体」にふさわしい日程設定であった。

ウィルキーの日記によれば、一八一九年三月の打ち合わせで、ウェリントンから「元兵士だけでなく、現役兵士の姿を増やすように」という新しい要望が出されている。この時点で、当初絵画の完成を約束した一八一八年（ターナーが「ワーテルローの戦場」を王立美術院に展示した年でもある）はすでに過ぎ、戦闘からも四年近くが経過していた。現役兵士の数を増やしたウィルキーは、現役、退役いずれの兵士にも所属や身分、出身地、戦歴などを明確に設定することによって、構図全体の想像を膨らませていったと思われる。

では描かれた主要人物たちを見ていこう。

現役兵士たち

画面中央から左側には、現役、退役いずれの兵士もが密集している。たとえば、現役兵士の代表は、官報を運んだ馬上の人物だ。赤い丸型のふちなし帽をかぶり、青い制服姿のこの兵士は、ウェールズの槍騎兵隊、第七竜騎兵隊に属する伝令、と設定されている。画面の手前、テーブルの左端に腰をかけ、足元にナップサックを置いているレッドコートの人物も現役の砲兵である。

さらに現役兵士を探して画面右に目を転じると、息子を抱き上げ、妻と思しき女性とともに描かれている男性が目につく。家族のもとに戻った兵士とその家族の姿を、ウィルキーは習作を通して、ずっと構図の目立つ場所に配置しようとしてきた。変化するのは兵士の軍服の色、すなわち兵士の所属とその戦歴である。妻子とともに描かれた帰還兵士の軍服の色は、当初の赤から濃青に変わった。この兵士の所属は、軍服の色から文字通り、「ブルーズ」と呼ばれる王立騎馬警備隊で、身分は伍長だ。先にも触れた半島戦争の激戦地に投入されたブルーズの一員として、この男性も、ワーテルローの戦いに負けずとも劣らない厳しい戦闘を経験したことが想像される。

彼のすぐ近くには、ブルーズの部隊とともにスペイン各地を転戦した黒い犬がいて、官報が朗読される声の方向に目をやる。名を「オールド・デューク」というらしい。犬や猫、鳥など、兵士個人で、あるいは部隊で飼われたペットは、戦場の記憶にどこかリアリティを与える存在である。そういえば、ユダヤ人財閥でロンドンのロスチャイルド家の祖とされるネイサン・メイアーは、ワーテルローの戦いの勝敗を伝書鳩によっていち早く知り、投資に成功したとされる。

さらに、この家族の少し上、窓から身を乗り出しているのは、歩兵連隊の現役兵士である。兵士の説明は、現役兵士よりも退役兵士、すなわちチェルシー王立廃兵院の年金生活者の方が詳しい。それらを見てみよう。

官報を読む元兵士——ウルフ将軍の死

先に述べたように、チェルシー王立廃兵院で暮らす元兵士の存在は、規則上、外出時に羽織る赤いガウンと黒いフェルトの特徴的な帽子ですぐに識別可能である。彼らの姿を確認しながら、ウィルキーが設定したその来歴を紹介していこう。

すぐさま目をひくのは、画面のほぼ中央で立ちあがって官報を朗読する人物である。一八一九年七月にウェリントンとの間で構図を確定してから一年余りのち、ウィルキーの日記（一八二〇年一〇月二一日）には、画面左寄りに位置していたこの人物を絵画の中心に移動させ、見る者の焦点が彼に合うようにした、と記され

図 2-9　ベンジャミン・ウエスト「ウルフ将軍の死」(1770)

ている。どうもこのころから、ウィルキーはようやく、この作品の制作に本腰を入れはじめたようである。そのうえで、ウィルキーは、この人物を「一七五九年、ウルフ将軍とともにカナダ、ケベックの戦いに参加した」との設定で、ワーテルローの戦勝を、その半世紀以上前、英仏がヨーロッパの覇権を争った七年戦争と結びつけた。

ケベックの戦い（エイブラハム平原の戦いともいう）は、一七五九年九月一三日に行われ、戦闘自体はわずか一五分ほどでイギリス勝利に終わった。その三か月ほど前から仏領ケベックを包囲し、攻撃のチャンスをうかがっていたイギリス軍の司令官ジェイムズ・ウルフ将軍は、銃弾を胸部に浴びて死亡した。一七六三年のパリ条約でイギリスが北米フランス領を獲得したことで、ウルフ将軍の死は「英雄の死」として一躍有名になった。ここに画家たちが注目する。なかでも、植民地時代のアメリカ、ペンシルベニアで生まれ、イギリスの王立美術院創設（一七六八）に尽力した画家ベンジャミン・ウエストの「ウルフ将軍の死」（一七七〇、図2-9）は、ウェストの名を一躍有名にするとともに、一八世紀末から一九世紀にかけて「英雄の死」ブームを画壇にもたらし、その原型ともなった。

ケベックのエイブラハム平原を背景に、画面中央、血の気のひいた顔面蒼白の人物がウルフ将軍である。描かれた人物らの目も、この絵を見るわたしたちの目線も、皆一様に死にゆく彼、ウルフ将軍に集中する。青い服を着た軍医がウルフ将軍の胸に布を押し当てて止血する様子はリアルだが、描かれた構図は本当に起きたことではない。実際のウルフ将軍は、仲間たちとは離れた場所で凶弾に倒れ、ひっそりと亡くなっている。

絵画の一ジャンルである「歴史画」は、ルネサンス以降、古典古代の服装を身に着け、古典古代の出来事として描かれてきたが、ウェストの時代、同時代の戦闘を同時代の（つまり一八世紀後半から一九世紀にかけての）服装で描くようになりつつあった。その一方で、ウェストは、ウルフ将軍にはイエスの殉教を想わせるポーズを、彼を取り巻く人びとには「キリストの哀悼」の構図を与えており、美術の伝統的な作法も生かされている。

ウィルキーがウェストのこの絵を知らなかったはずがない。官報を読む老兵の来歴を通して、「チェルシー年金受給者たち」は「ウルフ将軍の死」としっかりつながり、ロンドンのチェルシー王立廃兵院を大西洋の彼方、植民地アメリカの運命に結びつけた。ならば、「ウルフ将軍の死」の左手前に描かれた先住民、アメリカン・インディアンは、「チェルシー年金受給者たち」の中央に立つ黒人ともつながるのだろうか。観る者の想像力を刺激する存在であることは確かなのだが……。

牡蠣を食べる元兵士

絵画に登場する元兵士の来歴を続けよう。

中央の黒人（彼についてはすぐ後で述べる）の右、黒装束の老人は、一八世紀末、インドで戦闘指揮をとる若きウェリントンのもと、一八〇三年の第二次マラーター同盟戦争（アッサイェの戦い）に参加した老兵という設定である。テーブルの右端に座る赤いガウンの廃兵院の住人は、インド、あるいはエジプトの熱砂のせいで失明したとの説明がある。この人物の右上には義足の元兵士の姿もある。

盲目の廃兵院収容者に話しかける白っぽい服の男は、第一一竜騎兵にいたアイルランド人で、アメリカ独立戦争の時期、ジブラルタルをイギリスから奪おうとするスペイン・フランス軍による包囲戦（一七七九～八三）をエリオット将軍とともに耐え抜いた、と説明されている。退役兵士の戦歴の多様性は、イギリス帝国の拡大を反映するものに他ならない。

とりわけ気になるのは、画面のまさに中心、テーブルの中央に座り、読み上げられる官報に目をやり、笑みを浮かべながら食事をしている老人、ではないだろうか。羽織った赤いガウンから、チェルシー廃兵院の住人だとわかるのだが、彼の戦歴は特に設定されておらず、よって、ワーテルローの戦勝朗読を聞きながら牡蠣を食べている、という行為自体に意味があると思われる。

当時イギリスでは、牡蠣の解禁は聖ヤコブの日（七月二五日）とされており、この日以降、ロンドン、テムズ川北岸のビリングスゲイト魚市場は、天然・養殖いずれの名産地としても知られるコルチェスタなどからたくさんの牡蠣が荷揚げされて、活況を呈した。すなわち、ワーテルローの戦勝官報が読み上げられた六月二二日、牡蠣はまだ解禁されていない。牡蠣は〝R〟の付く月、九月から四月までしか食べてはいけないという話もよく耳にする。それなのに、なぜこの退役兵士は牡蠣を食べ、笑みを浮かべているのだろうか。この謎が絵を観る者を捉えて離さない。

牡蠣の歴史を紐解けば、ローマ帝国の時代、ローマンタウンであるコルチェスタ沖で早くも養殖が始まり、「コルチェスタ・オイスター」の豊かな味わいは帝都ローマで定評があったと記録される。中世ヨーロッパのキリスト教社会では、金曜日に肉を食べることが禁じられていたこともあって、牡蠣は魚の代用として人気があった。生産量が急増して値段が下がる一八世紀以降は、ヨーロッパでもアメリカでも、牡蠣は労働者や貧民のたんぱく源としても重宝されるようになった。

たんぱく質（必須アミノ酸を含む一八種類のアミノ酸）だけではない。「海のミルク」といわれる牡蠣には、タウリンやグリコーゲン、亜鉛、マグネシウムやカルシウム、ミネラルといった多くの栄養素が含まれており、栄養満点の食材である。そのせいもあってか、フランス革命前後の時代には、哲学的ひらめきを求めて、あるいは革命の熱情を保つために、はたまた精力剤として、牡蠣をたくさん食べたという著名人のエピソードが尽きない。そのひとつに、「ナポレオンは大の牡蠣好き」「戦闘前に必ず牡蠣を食べた」という伝説もある。牡蠣と関わる裏話に必ず出てくる話ではあるが、その真偽は明らかではない。チェルシー廃兵院の元兵士の行為を「ナポレオンへのあてつけ」と考えるのは深読みし過ぎだろう。

解禁以前に牡蠣を食べることに画家はどんな意味を与えたのだろうか。「歴史総合」の授業で学生たちに聞いてみたいものである。

黒人の存在——トマ＝アレクサンドル・デュマ

現役、引退を問わず、描かれた兵士の多様性という点で最も注目されるのは、画面中央に描かれた黒人ではないだろうか。ウィルキーは彼を「近衛歩兵第一連隊の軍楽士」と設定したうえで、つぎのような経験を加えている。曰く、フランス革命中はフランスにいて、一七九三年のルイ一六世の処刑を目撃した。彼はジャン・ヴィクトル・マリー・モロー将軍の下僕であった——。当時、黒人が貴族の召使や軍隊の下僕として重用されることはよくあったが、仕えた主人にナポレオンのライバルとして知られるモロー将軍を設定したことにどんな意味があるのだろうか。

モロー将軍は、ホーエンリンデンの戦い（一八〇〇年一二月）でオーストリア軍を打ち破った武勇で知られる。ほどなく彼の周辺にはナポレオンに不満を持つ者たちが集まるようになり、ナポレオンとの溝が深まった。一八〇〇年のクリスマスに起こったナポレオン暗殺未遂事件との関連を疑われて、モロー将軍はアメリカに国外追放されるが、ペンシルベニアの彼の居宅には、フランスからの亡命者が数多く集まった。第四代アメリカ大統領のジェイムズ・マディソン（ジュニア）は国務長官時代からモローと親交があり、一八一二年、モローに米英戦争への協力を要請した。だが、ロシア遠征におけるフランス軍の壊滅的敗北の知らせを聞いたモローは、即座にヨーロッパに戻る。ナポレオンを倒して共和政を樹立しようと、ロシア軍に仕官したモローを、ロシア皇帝アレクサンドル一世はもろ手を挙げて歓迎した。一八一三年、ドレスデンの戦いで、二一万余りの同盟軍は、指揮命令系統の混乱から、一三万ほどのフランス軍に苦戦するなか、モローはロシア皇帝と協議中に被弾して重傷を負い、まもなく亡くなった。

ナポレオンには対立した軍人を失脚させたという話が絶えず、モロー将軍の悲劇も当時広く知られていたという。だから、ウィルキーがあの絵のなかに、ナポレオンに反旗を翻したモロー将軍の下僕として黒人軍楽士を登場させても、不自然ではない。敵の敵は味方、というわけだ。だが、もう少し深読みできそうな気がするのは、同じ時代、フランス軍にはモロー将軍以上に勇猛果敢な「黒人」がいて、野心家のナポレオンを悩ませ続けてきた事実があるからだ。

彼の名はトマ＝アレクサンドル・デュマ（一七六二〜一八〇六）。『モンテ・クリスト伯』『三銃士』などの作品で有名な作家アレクサンドル・デュマ・ペール（大デュマ）の父であり、やはり作家で『椿姫』で知られるアレクサンドル・デュマ・フィス（小デュマ）の祖父である。

トマ＝アレクサンドルの父、ダヴィ・ド・ラ・パイユトリー侯爵は、ノルマンディーの貧乏貴族で、西インド諸島のフランス植民地、サン・ドマング（現ハイチ）でコーヒーとカカオの農園を経営していた。農園の経営を手伝っていた母は「農家のマリー（Marie du mas）」と呼ばれた奴隷で、ヨーロッパ系白人とアフリカ系黒人の混血、ムラートであった。「デュマ（Dumas）」という姓は、この母の呼称に由来する。

庶子の彼を認知した父のもと、フランスでも彼は何不自由ない暮らしを送った。貴族の子弟として、デュマの権利は認められていたのである。よって、父の再婚に反対して家を出て、デュマ姓を名乗るようになった混血の彼が、父への反発から一兵卒としてフランス陸軍に入隊しても、何ら問題はなかった。

入隊三年後にフランス革命が勃発。一八〇センチを超える大柄で筋骨隆々とたくましく、馬術や剣術に長けた彼は、王妃付の騎兵連隊で活躍し、地方名望家の白人女性を妻として家庭を持ち、国王軍から転じたフランス革命軍で軍功を重ねた。一八九三年には有色として初めて陸軍中将にまで昇進した。五万の軍勢を率いて果敢に戦うその姿は、「黒い悪魔」として恐れられた。

だが、一七九八年からのエジプト遠征中、デュマはナポレオンとの確執から戦線離脱をよぎなくされ、一七九九年三月、遠征軍を離れた。帰国途中の船が遭難し、たどり着いたナポリ王国で捕虜となり、二年間の幽閉生活で心身ともに疲弊した彼は、一八〇一年、ようやくフランスに帰国する。彼を待っていたのは、「自由、平等、友愛」というフランス革命の針を逆転させようとするナポレオンであった。デュマの戦線離脱後、急ぎエジプトから戻り、ブリュメール一八日のクーデター（一七九九年一一月九日）に参加して総裁政府を打倒したナポレオンは、当時、三人の統領から成る政府の第一統領となっていた。一八〇二年、ナポレオンは、デュマの軍隊復帰願いを、彼が混血であることを理由に却下した。ナポレオンは自由、平等、友愛というフランス革命の理念を有色や混血には認めなかった。

ブリュメールのクーデターの数日後、ナポレオンは早くも、植民地サン・ドマングの奴隷を解放した国民公会の決議（一七九四）を撤回し、奴隷貿易を復活させた。クーデターを支持する奴隷商人や植民地の農園主（プランター）への見返りだと思われる。一八〇二年には奴隷制を復活させ、特別な許可がない限り、黒人や有色の人びとのフランス入国を禁じた。退役、除隊した有色の元将校・兵士のパリ市とその近郊への居住禁止を打ち出したのは、その二週間後のことである。一八〇三年には、異人種間の結婚が禁じられた。

こうして時系列で見ていくと、奴隷制復活も軍隊における有色者の扱いも、異人種間の結婚禁止も、デュマをフランス軍から、いやフランスそのものから排斥するための布石のように思えてくる。

失意のデュマは、一八〇六年、妻の故郷（ヴィレル＝コトル）で亡くなった。その後、ナポレオンは、トマ＝アレクサンドルの未亡人からの年金請求を拒否しつづけたとされる。困窮生活のなかで育った彼の遺児、同名のアレクサンドル・デュマが、自分が去ったのちのフランス演劇界や文壇で大成功を収める文豪になるなど、ナポレオンには想像すらできなかっただろう。ましてや、存在までも否定しようとした彼をモデルに、息子が新聞小説『モンテ・クリスト伯』（一八四四～四六）を書き上げ、大人気を博するとは…。だが、息子にとっては、無実の罪で一四年間も獄につながれ、その復讐を果たすというこの小説の主人公エドモン・ダンテスに、父ほどふさわしい人物はいなかったはずだ。詳細は、ピュリッツァー賞を受賞したトム・リース『ナポレオンに背いた黒い将軍』（二〇一三）に任せよう。

なぜそこに彼／彼女がいたのか？

フランス軍復帰というデュマの願いをナポレオンがその人種主義（レイシズム）で打ち砕いた頃、デュマの出身地サン・ドマングからフランスに連行された黒人がいる。黒人初の共和国ハイチへの道筋をつけたトゥサン・ルーヴェルチュール（一七四三～一八〇三）である。西アフリカ、ダホメ王国から連れてこられた奴隷の長男としてサン・ドマングで生まれた彼は、農園管理者や教会司祭から、読み書きのみならず、ラテン語や数学などの知識も身につけ、三〇歳で自由身分となった。白人にも奴隷たちにも人望があったというトゥサンは、一七九一年八月二三日の奴隷反乱による混乱のなか、頭角を現していく。サン・ドマングで奴隷たちが立ち上がったこの日を、現在ユネスコは「奴隷制とその廃止の記念日」に定めている。

一七九四年、国民公会による奴隷制廃止を受けて、トゥサン率いる黒人や有色の人びとは、フランス革命の三つの合言葉を掲げ、攻め込んでくるイギリス軍と戦った。ハイチ独立の承認をジャコバン政府との間にとりつけたトゥサンは、一八〇〇年、奴隷解放宣言を盛り込んだサン・ドマング憲法を制定し、終身総督となった。一八〇一年にはサン・ドマングを含むイスパニョーラ島全体を支配下に収めた。このいささか強引なやり方に、彼が「黒いナポレオン」と呼ばれる由縁もある。だが、そのことが第一統領である（本家本元の）ナポレオンの不信を買い、一八〇二年、トゥサンはフランスからの制圧軍に逮捕され、フランスに送還された。ジュラ山脈の要塞に投獄され、何度も拷問を受けたトゥサンは、一八〇三年四月に亡くなった。彼の意

図 2-10　「相撲遊楽図屏風」（1640 年頃、堺市博物館所蔵）

志を継ぐ者たちによってハイチが独立したのは、一八〇四年一月一日のことである。

トゥサンがフランスにいた八か月ほどのうちに、ナポレオンによって陸軍を追放されたデュマがトゥサンと接点を持つことはなかったのだろうか。とても気になる。

フランス革命のような大きな歴史的出来事を読み直すと、常に新しい「発見」があり、そこに新たな「問い」が生まれる。とりわけフランス革命二〇〇周年（一九八九）以降は、「近代」という時代形成に重要な意味を持ったフランス革命のなかに、白人男性以外の存在、黒人や有色の人びと、あるいは女性や子どもの姿を探し出そうとする動きが加速化してきた。それは、これまでの「白人の成人男性」中心の歴史記述を、ジェンダーや人種、民族といった別の目線と重ねて読み直す試み

図 2-10、弥助と思しき黒人部分の拡大図

でもある。ウィルキーの「チェルシー年金受給者たち」のように、絵画に描かれた「黒い肌」への着目は、時代全体を見直す手がかりを与えてくれる。なぜここに黒人がいるのか——この素朴な問いは重要である。

たとえば、「相撲遊楽図屛風」（一六四〇年頃、図2−10）に描かれた相撲を取る黒人。彼に、織田信長最晩年の家臣、「弥助（やすけ）」が重なる。ルターに始まる宗教改革運動に対して、巻き返しを図るカトリックが世界各地に布教を認めたイエズス会の宣教師たちに混じって、その大柄な黒人はモザンビークで買われた。そしてアジア布教の拠点ゴアへと連れていかれ、そこからさらに東、安土桃山時代の日本に、宣教師アレッサンドロ・ヴァリニャーノの従者兼護衛としてやってきた。「二六、七歳で、肌の色は牛のように黒く、十人力」などと表現されたこの黒人は、一五八一年二月に織田信長と謁見。信長は彼をいたく気に入り、「弥助」の名を与えたと伝えられる。一五八二年六月二日の本能寺の変を信長とともに戦った弥助という黒人の運命については、ロックリー・トーマスの『信長と弥助　本能寺を生き延びた黒人侍』に譲りたい。

南蛮屛風には多くの黒人の姿が描かれているが、名前があがっているのは弥助だけだという。名もなき彼らもまた、「なぜここにいるのか」というわたしたちの問いを待っている。

三、ウォータールーからピータールーへ

変わる構図

すでに述べたように、ワーテルローの戦いは画家たちによってさまざまに切り取られ、多くの作品を生んだ。この戦いをどう見るかには、画家たちの「現在」が関わってくる。戦争をどう描くかは、歴史叙述と同じく、

「過去と現在との対話」であるからだ。それは、ワーテルローの戦いの七年後、一八二二年に完成した絵画「チェルシー年金受給者たち」も同じである。それゆえに、この絵を「読む」には、タイトルに謳われた一八一五年六月二二日という時間のみならず、この絵が描かれるプロセスにも目を向ける必要がある。

幸い、ウィルキーは、八〇を超える習作とともに、絵の進捗状況を日誌に記している。時系列で並べると以下のようになる。

先述したように、一八一六年八月、ウェリントンがウィルキーのアトリエを自ら訪れ、「ワーテルローの戦いを題材に、老いた元兵士が語り合う」絵画を依頼した。すぐにウィルキーは「戦勝を伝える官報の朗読を聞く」という構図を思いついたが、大変な売れっ子画家であった彼は、なかなかこの絵の制作に着手できなかった。当初ウェリントンに完成を約束した二年後、一八一八年の夏を過ぎても、この絵に集中することはできなかった。「元兵士だけでなく、現役兵士の数を増やすように」というウェリントンの指示は、一八一九年三月上旬のことである。全体の構図、とりわけ兵士たちの配置について、ウェリントンとの間に合意が成立したのは、一八一九年七月。ウィルキーが廃兵院を含むチェルシー周辺を散策して風景や建物、人びとの様子を観察しはじめるのは、さらにのち、一八二〇年四月以降のことであった。当時のウィルキーの目には何が映っていたのだろうか。

その答えは、一八二二年四月に完成した「チェルシー年金受給者たち」にある。一八一九年七月の最終案以降、明らかに構図は変化していた。最も目立つのは、画面中央、読み上げられる官報を食い入るように見る女性の姿が追加されたことであろう。ウィルキーのメモには、「兵士の妻で現在妊娠中。真っ青な顔色で夫の運命を伝える知らせを待つ」とある。すでに述べたように、四頁から成る官報の最後には戦死者名が掲載されており、彼女は夫の名前を漏らすまいと、食い入るように官報を見つめている。文字は読めないかもしれない。その表情からは、画面右後方でバグパイプを奏でるハイランド部隊の兵士周辺とも、その手前で白いハンカチを振る女性たちとも、違った緊張感が伝わってくる。

兵士の妻だけではない。ウェリントンが望んだ現役、退役兵士（すなわち戦場経験者）のみならず、戦場など経験したこともない女性や子どもの姿が、特に画面右側全体に増えているのである。ウィルキーはなぜ女性たちを描いたのだろうか。それを考えるヒントは、ウィルキー自らがこの絵につけた正式タイトルにある。曰く、「ワーテルローの戦いを報じる一八一五年六月二二日木曜日の官報を受け取るチェルシー年金受給者たち!!!」——問題は、最後の「!!!」だ。ここに、ウェリントンとの最終打ち合わせ（一八一九年七月）から作品完成（一八二二年四月）の間に、画家ウィルキーに構図を変えさせた「何か」のヒントが隠されている。それは何か。

一八一九年八月一六日、マンチェスタ、セント・ピーターズ広場

「!!!」という奇妙な記号が意味するもの——それを、絵画修復やストリートアートなどと関わってきたアメリカの美術史家ヴァディム・モロッツは、一八一〇年代、二〇年代に人気を博した諷刺画家、ジョージ・クルックシャンクが好んで使ったものだと指摘する。当時最も知られていたのは、「セント・ピーターズでの虐殺、あるいは『英国人よ、祖国を撃て』!!!」（一八一九）だ。クルックシャンクが「!!!」とともに伝える出来事は、一八一九年八月一六日、イングランド北部、綿工業の町マンチェスタのセント・ピーターズ広場（フィールド）で起こった。ウィルキーとウェリントンとの間で絵画の構図が最終合意した一か月ほどのちのことである。

この日、この広場では、普通選挙や議会改革、穀物法の撤廃を求める労働者らの大規模集会が計画されていた。戦争という暴力の常として、問題は戦争そのもの以上に、「戦後」にある。ワーテルローの戦いも例外ではない。戦後の経済不況、高い失業率、地主を守るために外国産小麦に高関税をかける穀物法の存在、それによる穀物価格の高騰などが、労働者たちの生活に重くのしかかっていた。しかも、一八一九年の夏は冷夏であり、前年に続く不作で、穀物価格をはじめとする物価の高騰が懸念されていた。

ヨーロッパをフランス革命以前の状態に戻すと決めたウィーン会議（一八一四〜一五）以後、各国では自由主義やナショナリズム（国民主義と民族主義）の流れを押しとどめようとする動きが強まっていた。対仏戦争の記憶が鮮明に残る当時のイギリスでは、フランスのジャコバンが掲げた共和主義にさほど人気はなかったが、選挙権がなく自分たちの声を政治に届けられない多くの人びとの不満から、議会改革を求める急進主義者の動きが活発化しつつあった。

折しもイギリスでは、人望のない皇太子ジョージ（のちの四世）ではなく、その一人娘でジョージに次ぐ王位継承権を有するシャーロット王女に、国民の希望が集まっていた。ワーテルローの戦いの翌一八一六年、ザクセンのレオポルド王子（のちの初代ベルギー王、第五章で語るレオポルド二世の父）と結婚した彼女は、一八一七年、男子を死産してまもなく、産褥熱で死亡した。国民の期待は一気にしぼむ。そのなかで、ジャーナリストらは、皇太子や彼の周囲に群がる受益者たち——復古主義の貴族や政治家、穀物法で保護された地主らを非難する記事や諷刺画を発表しつづけた。彼らは、現状維持を望む体制派と対立しながら、産業革命による人口増加や人の移動を加味した選挙区の見直しを求めた。一八一九年八月一六日、マンチェスタで企画された集会も、地元紙『マンチェスタ・オヴザーバー』の編集長や主幹らを中心とする地元組織「マンチェスタ愛国連合」の主催であった。「マンチェスタ愛国連合」は、この大規模集会を取りしきる司会役に、改革急進派の雄弁家（オラター）、ロンドンのヘンリ・ハントを選んだ。有名人ハントの登壇は、マンチェスタ周辺の工業地域――ロイトンやクロンプトン、オールダム、リーズなどからの参加者動員に、一役も二役も買ったと思われる。

この日、マンチェスタ周辺の町や教区では、それぞれ集合時間と集合場所が決められ、人びとは朝早く自宅を出て所定の場所に集まり、地域ごとに隊列を組み、「秩序正しく平和な集会を」という主催者からの要請に応えて、整然と行進しながら、セント・ピーターズ広場をめざした。この日は月曜日であったが、青空が広がる好天で、よそいきの服を着こんだ集会参加者には、どこかピクニックにでも行くような気楽さや明るさ、ワクワク感があったと思われる。参加者に女性や子どもが多かったのもそのせいであろう。集まった人びとの数は、記録によってさまざまながら、六万人前後と推定されている。

一方、現状維持派の地主や工場主、地元の治安判事らは、集まった労働者らの暴徒化を危惧して、陸軍の騎馬隊や地元有志から成る義勇騎兵隊（ヨーマンリー）、特別治安部隊など、総勢一五〇〇人余りを広場周辺に配備していた。人身保護律が一時的に停止されて、治安判事の独断で逮捕令状が出された。いや、逮捕令状などなくても、人びとの拘束は可能であった。フランス革命の再来を極度に恐れる体制派の過剰反応が、この日、最悪の結末を招くことになる。

武装した軍隊が息をひそめて見守るなか、午後一時半過ぎ、ハントが広場に設けられた演壇の上に上がった。壇上にはすでに、集会の主催者である『マンチェスタ・オヴザーバー』の編集主幹はじめ、演説予定者がおり、「自由か死か」「普通選挙」など、自分たちの主張を示すバナーを手にしていた。熱狂的な拍手喝采に沸く人びとを前に、ハントが語りはじめるやいなや、ハントらの逮捕命令を受けた地元マンチェスタとサルフォードの義勇騎兵隊がいっせいにサーベルをふりあげ、集まった人びとに突っ込み、斬り込んだ。人びとは逃げまどい、散り散りになり、広場は混乱を極めた。「そこはまさに戦場であった」と、その後多くの人びとがこの日をふり返っている。ワーテルロー以後の「戦場」はイギリス国内にあったのだ。

この日騎兵隊から斬りつけられた傷がもとで、その後死亡が確認されたなかに、オールダムの洋服職人ジョン・リーズという人物がいた。ワーテルローの戦いに従軍していた彼は、亡くなる直前、広場で起こったことを「ワーテルローより恐ろしい虐殺だった」と口にした記録が残っている。こうした当時の記録や回想録、手紙などを読み込み、史実を忠実に再現しようとしたのが、事件二〇〇周年を記念して制作、公開されたマイク・リー監督の映画「ピータールー」（二〇一八）である。「ピータールー（Peterloo）」は、「ワーテルロー（Waterloo）」の英語読み、「ウォータールー」をもじった造語である。この出来事を「ピータールーの虐殺」と最初に呼んだのは、この日演壇上にいたジャーナリストで出版業者のリチャード・カーライルだ。広場の混乱のなかで自分を逮捕しようとする警察の目をのがれて、命からがらロンドンに戻ったカーライルは、目撃したことの一部始終を記事にまとめた。

マイク・リー監督映画は、マンチェスタの労働者家庭の若者、ジョゼフがワーテルローの戦場から帰還したところから始まる。このこと自体が、ワーテルローの戦いとピータールー事件が陸続きであることをはっきりと物語っている。それは、家族で集会に参加したジョゼフが、混乱を極める広場でワーテルローの戦場を想起するシーンとして描かれ、この映画の強烈なメッセージともなっている。現存する史料の隅々まで読み込んだというリー監督の意気込みが伝わってくる。

図 2-11　リチャード・カーライル「ピータールーの虐殺」(1819.10.1)

闘う女たち

「ピータールーの虐殺」の犠牲者については、不明な点が少なくない。義勇騎兵隊らに斬りつけられて十数名が亡くなり、六〇〇人を超える負傷者が出たと伝えられるが、逃げまどう広場周辺の混乱、誘発された暴動や騒動とともに、負傷者（負傷が元で亡くなった可能性のある人を含む）の多くが、当局からの追及を恐れて姿を隠し、名乗り出なかった。この日の全貌を正確につかむことは今なお難しい。

その状況のなか、出来事の詳細がイギリス全土に広く伝えられたのは、現場にいたジャーナリストたちのおかげである。第一報を伝えたひとりが、先に紹介したロンドンの出版業者で、ゲスト・スピーカーのひとりであったリチャード・カーライルである。

この日、カーライルは、ヘンリ・ハントと同じ演壇の上で、演説の順番を待っていた。ハントの演説開始とほぼ同時にサーベルを持った騎馬隊が突っ込み、ハントを含む一〇人ほどの急進派リーダーが逮捕されるなか、カーライルはからくも逃れてロンドン行きの郵便馬車に飛び乗った。そして、自らが主宰する週刊誌に「マンチェスタの大虐殺」という見出しで事件を報道したのである。翌週には続報も出された。この一連の活動で、カーライルの印刷工房には警察の手が入り、事件関連の資料のみならず、彼が主宰する雑誌や新聞のすべてが押収された。「ピータールーの虐殺」の諷刺画が一〇月に出版されたのち、彼には冒涜罪及び扇動罪で三年間の禁固刑、並びに罰金刑が科された。

問題となったカーライルの版画（図2-11）には、画面中央、青の制服の義勇騎兵隊が民衆にサーベルをふりかざす様子がはっきりと見える。群衆のなかには数多くの女性の姿が確認できる。とりわけ目を引くのは、画面中央の演壇上で、事態に驚きながらも手にしたバナーを離さない白い服の女性であろう。彼女の名前はメアリ・フィルズ。洋服もペチコートも、手袋も帽子も白一色の彼女が手にしたバナーには、彼女が所属する「マンチェスタ女性改革協会」の名称とともに、女性が「腐敗（corruption）」を踏みつけている絵が描かれている。白は参政権を求める女性たちのシンボルカラーだ。

とはいえ、フィルズら「女性改革協会」を掲げる女性の多くは、政治の現状を変えようとする夫や父、兄弟や恋人を支えるという、当時のジェンダー規範のなかで活動していた。ところが体制派は、同じ光景にジェンダー規範からの逸脱を認め、それを暴力的に抑え込もうとした。治安判事らの指示で突っ込んだ騎馬隊は、当初から、「マンチェスタの活動家」としてメアリ・フィルズの逮捕・拘束を狙っていた。フィルズは、バナーを取り押さえられて地面にたたきつけられ、サーベルの攻撃を受けたが、かろうじて難を逃れ、仲間に匿われて傷を癒した。近くにいたエリザベス・ゴーントは、フィルズと間違われ、臨月間近の身重の身体を激しく殴られ、罪状不明のままニューベリ監獄の独房に一一日間も拘禁された。生まれなかった彼女の子どもは

図 2-12　ウジェーヌ・ドラクロワ「民衆を導く自由の女神」（1830）

公式の犠牲者に含まれていない。

こうしたリアルな現場を知るカーライルは、この諷刺画を、ヘンリ・ハントとともに、広場に集まった女性たちに宛てて、こう綴った。「マンチェスタ、並びに隣接する町の女性改革者たちに捧ぐ。彼女たちは残虐な武装軍、マンチェスタとチェシャーの義勇騎兵隊により、残忍かつ凶暴な攻撃にさらされ、犠牲となった」。

ここで再び、カーライルの諷刺画をよく見ていただきたい。壇上で彼女らがもつバナーの先には、赤い帽子のようなものが見える。フリジア帽、通称リバティ・キャップ。古代ローマで自由身分となった解放奴隷がかぶるものとして考案され、隷属から自由へという解放のシンボルとなった。革命期のフランスでは、読み書きのできないサン・キュロットらに革命精神を広めるツールとして使われた。一八三〇年のフランス七月革命を描いたウジェーヌ・ドラクロワの有名な絵画、「民衆を導く自由の女神」（図2–12）がかぶっているのもフリジア帽だ。銃剣のついたマスケット銃を左手に、フランス国旗を右手に掲げたこの女神は、このあと、フランス共和国のシンボル、マリアンヌとして知られることになる。

工業化で急増した都市の人口、拡大する貧富の差。それなのに、民衆の声を議会に届ける代表権を自分たちは持っていない。この現状改革を急ぐ男性急進派たちが、一八一九年八月一六日、マンチェスタの広場でかぶっていたフリジア帽も、地域の女性たちによって作られたものであった。

母と子のピータールー

さて、諷刺画家ジョージ・クルックシャンクの「セント・ピーターズでの虐殺、あるいは『英国人よ、祖国を撃て』!!!」（図2–13）、である。

タイトルに挿入された「英国人よ、祖国を撃て」は、王政復古期のイングランドで上演されたジョン・フレッチャーの悲劇『ボーディカ』（一六九五）のために、ヘンリー・パーセルが作曲した愛国歌のタイトルである。ボーディカ（ブーディカとも読む）は、この島に侵入した古代ローマ帝国軍に激しく抵抗したケルト（イケニ族）の女王の名前。この曲は、「戦争の世紀」となった一八世紀から一九世紀初頭にかけて、対仏戦争のなかでイギリス兵士が好んで歌ったとされる。

諷刺画のあちこちに女性と子どもの姿が目立つ。彼女ら／彼らは、青い軍服姿の地元マンチェスタとサルフォードの義勇騎馬隊のサーベルで斬りつけられて血を流し、倒れている。左上の吹き出しには、治安判事の要請を受けた義勇騎馬隊の男（上官だろうか）が兵士たちを鼓舞するこんな言葉がある。

「やつらを倒せ!やつらをぶった切れ、勇敢なる若者たちよ!やつらに少しの場所も与えるな。やつらはおれたちの牛肉とプディングをとりたがっている!覚えておくがいい、おまえたちがたくさん殺せば、救貧税の支払いが少なくなることを!さあ、みんな行って、勇気と忠誠を見せたまえ!」

画面中央、馬上からのサーベルに、幼いわが子を抱えた女性が「やめて!」と手をかざす姿が、観る者の目を奪う。この構図は、「ピータールーの虐殺」の「最初」の犠牲者——二歳のウィリアム・フィルズ(演壇上のメアリ・フィルズとは無関係)にヒントを得たものではないだろうか。出動要請を受けた義勇騎馬隊のひとりが、広場の手前で若い母親にぶつかり、はずみでこの母が抱えていた子どもが投げ出されて死亡した。二歳の幼児ウィリアム・フィルズは、ピータールー最初の犠牲者に相違ない。

似たような母と子の構図は、クルックシャンクの「マンチェスタの英雄たち」(一八一九、図2-14)にも認められる。左上の吹き出しには、「恐れるな、やつらは武器をもっていない」とある。それを受けて、女性にサーベルを向けた騎馬隊に、子どもがこう叫ぶ。「ママを殺さないで。ママはハントさんに会いに来ただけなのに」——そう、母たちは演説上手で有名なロンドンの雄弁家、ヘンリ・ハントの話を聞きたかっただけなのだ。だから八月の青空のもと、母たちは腕に子どもを抱きかかえて、まるでピクニックにでも行くように、セント・ピーターズ広場にやってきたのである。

この諷刺画が興味深いのは、ピータールーの虐殺のわずか四日前に出されたクルックシャンクの風刺画「ラ・ベル・アリエンス、またはブラックバーンの女性改革者たち!!!」(図2-15)との対照にある。「ラ・ベル・アリエンス」とは、イギリス、プロイセン、オランダ、ロシアから成る連合軍の戦い、すなわちワーテルローの戦いのこと。ブラックバーンは、イングランド北西部、マンチェスタの三〇キロ余り北に位置する工業都

図2-13　ジョージ・クルックシャンク「セント・ピーターズでの虐殺、あるいは『英国人よ、祖国を撃て』!!!」（1819）

図2-14　ジョージ・クルックシャンク「マンチェスタの英雄たち」（1819年10月）

図2-15　ジョージ・クルックシャンク「ラ・ベル・アリエンス、またはブラックバーンの女性改革者たち!!!」（1819年8月）

市である。この諷刺画では、参政権をはじめ、政治改革を求める女性たちが下品でいかがわしいものとして描かれている。そこには、フランス革命の拡大を恐れるイギリス体制派と似たような感情が反映されている。ところが、マンチェスタの出来事の後に描かれた「セント・ピーターズでの虐殺」や「マンチェスタの英雄たち」では、女性を描くトーンが大きく異なる。この変化こそ、ピータールーの虐殺によるものに他ならない。

マイク・リー監督の映画「ピータールー」では、リチャード・カーライルやクルックシャンクらの諷刺画が時代考証のために使われた。騎馬隊の突入で混乱する広場の模様は圧巻だ。中学、高校、そして大学でも、未来の市民を育む歴史教育の現場では、記録に忠実で、臨場感あふれる「ピータールー」のような映画は積極的に使われていいだろう。リー監督は、二〇一八年の公開時の記者会見で、「なぜ今ピータールーなのか」との質問に、「これまで映画化されていなかったことが大きな理由だ。私はマンチェスタで生まれ育ったのに、この出来事を知らなかった」と、二〇一四年の企画当時をふりかえったのち、映画の公開に至る数年間に進行した「民主主義の後退」をロイター通信とのインタビュー（二〇一八年九月三日）でこう語っている。

「二〇一四年には予測もできなかったが、世界はどんどんおかしくなり、この五年で壊れてしまった。映画の制作のための準備、調査を始めてすぐにそれを実感した。わたしはイタリアやスペインでも映画を撮ってきたが、極右の台頭やさまざまな抑圧を見て、感じるものがあった。この作品は今までにもまして、今日的になっている。」

「権力を持つ人間、権力を濫用する人間のありようは普遍的である。映画は一九世紀初めのイングランドを描いているが、その意味するところも今日性も、世界共通である。事件後、支配階級による抑圧や検閲はいっそう厳しくなった。」

リー監督のこれらの言葉は、一八二〇年四月から「チェルシー年金受給者たち」の制作に本腰を入れはじめた画家ウィルキーの思いではなかっただろうか。一八一九年七月の構図確定の一か月後に起こったピータールーの虐殺こそ、ウィルキーにさらなる構図の変更を促したのではなかったか。

戦勝への熱狂と言論弾圧の間

「ピータールーの虐殺」以降、イギリス政府は自分たちの自由と権利を求める急進派への弾圧を強め、改革運動の取締りと治安維持のために新たな法律を制定した。「治安六法」として知られるこれらの法律では、五〇人以上の集会が禁止され、出版・表現の自由も大幅に制限された。いったん騒ぎが起これば、当局には私有地であろうと立ち入る権利が認められ、武器が見つかれば没収、逮捕された。証拠がなければ、捏造することも厭わない、過剰なまでのフランス革命とその余波に対する恐怖の裏返し。そのなかで、議会改革をはじめ、民主化を求める政治改革運動は一〇年余りにわたって鳴りを潜めた。

ウィルキーの「チェルシー年金受給者たち」がカンバスの上に姿を現していくのは、この時期のことである。すなわち、ウィルキーのこの絵は、ワーテルローの戦勝の興奮のなかではなく、自由に対するさまざまな抑圧強化のなかで描かれたことになる。

ワーテルローの戦いが行き着くところは、ピータールーの虐殺であったという皮肉。ウィルキーはこのことをタイトルの「!!!」で暗示したかったのではないだろうか。「チェルシー年金受給者たち」に女性と子どもを描き加えたのは、ピータールーの犠牲者へのオマージュではないだろうか。たとえば、白いハンカチを振る女性たちは、ワーテルローの戦勝を祝っているのではなく、そこには、セント・ピーターズ広場の演壇上から引きずり降ろされたフィルズやゴーントら、白をシンボルとする改革運動の女性たちが重ねられているのかもしれない。

とはいえ、画家ウィルキーがこうした問いに明確に口を開くことはなかった。一八二二年五月、この絵が王立美術院に展示された直後、ジョージ四世のエディンバラ入城を描くためにスコットランドに向かった彼は、以後、王室直属の宮廷画家として、また多くの政治家の肖像画家であることも手伝ってだろう、自由や政治、外交に関する発言を控えつづけた。一八四〇年、自身を奮い立たせるべく、中東に向かった彼は、翌年、帰国途上の船内で亡くなった。

後日談。

一八一九年八月一六日、セント・ピーターズ広場での大規模集会を支えたマンチェスタの地元紙『マンチェスタ・オヴザーバー』は、事件後の言論弾圧により、一八二〇年、休刊に追い込まれた。だが、翌年、この事件の目撃者らによって新たに『マンチェスタ・ガーディアン』が創刊され、一九五九年、その名を『ガーディアン』と改め、本社をロンドンに移した。今なお、世界各地のさまざまな自由を、自由に基づく民主主義を、そしてその抑圧を見張りつづけている。

「ピータールーの虐殺」を中国の天安門事件（一九八九）と重ねて再評価し、その犠牲者数を「一五人の死者と六〇〇人以上の負傷者」とより正確に刻んだ赤い銘板がセント・ピーターズ広場に掲げられたのは、二〇〇七年一二月であった。

たった一枚の絵からでも、時代を、その時代を生きた人びとの声や彼らが遭遇した出来事をすくい上げることは十分に可能である。画家は手がかりをたくさん残してくれている。あとは「過去との対話」に臨むわたしたち次第である。

第三章

「他者」を想像する

はじめに

まずは二枚の絵をみていただこう。いずれもイギリスの画家によるものである。あなたはどちらに共感を覚えるだろうか。

図3-1は、「イギリス諷刺画の父」といわれるウィリアム・ホガースの四枚連作の版画「残酷の四段階」（一七五〇~五一）の一枚目、「第一段階」である。描かれているのはホガースが生きた一八世紀半ばの世界であり、そこで日常化していたさまざまな動物虐待である。絵の中央、犬の肛門に矢を刺そうとしている少年がこの連作の主人公で、名をトム・ネロという。彼が付けた肩章の文字、「S^{t} G」は、ロンドンのセントジャイルズ（St Giles）という地区を示す。当時、貧困のスラム街、あらゆる悪が巣食う犯罪の街として知られていた。トムはこの地域の慈善学校の生徒という設定だ。

トムに犬いじめをやめさせようと、今にも泣きだしそうな顔でお菓子（パイだろうか）を差し出すのは、この犬の飼い主の少年である。身なりはセントジャイルズ地区の子どもたちと明らかに違っており、裕福な家庭のお坊ちゃまが迷い込んだという風情だ。

画面には、動物虐待の諸相がいたるところに確認できる。犬自身では届かないしっぽに好物の骨をぶら下げる。松明で熱した針で鳥の目を焼きつぶす。二匹の猫を宙づりにしてけんかさせる。犬を猫にけしかける。鶏を標的にして棒投げのような遊びをする。左上には、羽根をつけて屋根裏部屋から空中に放り出される猫の姿も見える。作り物の羽根で猫が空を飛べるはずもない。

路地の子どもたちはみな、動物虐待を「遊び」として楽しんでいるように見えるが、その行きつく先は何

図 3-1 ウィリアム・ホガース「残酷の四段階」第一段階（1750-51）

図 3-2 エドウィン・ランシア「老いた羊飼いの喪主」(1837)

か。ホガースは、トム・ネロが成長とともに残酷さをどうエスカレートさせたかを四枚の連作に描き、当時の社会に警鐘を鳴らした。

ホガースの警告のゆくえは、それから八〇年余りのち、ヴィクトリア女王即位の一八三七年、王立美術院恒例の展覧会に出品された絵画（図3–2）が教えてくれる。大人気を博したこの絵、エドウィン・ランシアの「老いた羊飼いの喪主」（一八三七）では、動物への目線が一変している。

粗末な小屋に簡素な棺が置かれている。この小屋で暮らしていた老いた羊飼いは、画面後景のベッドではなく、この棺のなかで永遠の眠りについている。棺近くの椅子には聖書と眼鏡が、その下には杖と帽子が置かれている。簡素で質素な調度品から、今は亡き羊飼いのつましい生活がうかがい知れる。棺の上には粗末な布が掛けられており、近くの野原から手折ったのであろう、草花もたむけられている。

その布のうえに、一匹の犬が頭をのせている。その様子から、わたしたちは何を想うだろうか。わたしたちの多くが、飼い主を失った悲しみ、せつなさ、寂しさ、心細さ、これらの思いがつまった「くぅーん」という小さな鳴き声を想像するのではないだろうか。伝わってくるのは人と犬との深い愛情の絆。それ以前に、表情やしぐさから、この犬の「感情」を読み取ろうとすること自体、ホガースの時代にはありえないことであった。動物に人間にも似た感情を読もうとする——これこそ、「近代」という時代の動物を見るまなざしにほかならない。

動物にも人間に似た感情、悲しみや心の痛みがあることへの気づきは、人間の感情、感性の大変革であった。それは、人間と動物の関係性を劇的に変えるとともに、同じ時期、動物のように扱われてきた奴隷に対する見方をも大きく変化させた。ヨーロッパ諸国は、「黒い積み荷（ブラック・カーゴ）」でしかなかった奴隷に「黒い肌の命」を認めるようになり、一九世紀末までに、環大西洋世界における奴隷制はつぎつぎと廃止されていった。ジョン・ダーウィンの『ティムール以後』に従えば、ユーラシア大陸がヨーロッパ優位へと動き始めたのは、一八世紀後半から一八三〇年代にかけてのことであった。まさにこの二枚の絵画の間に流れた時間だ。この八〇年余りのうちに、「近代」の感性もまた、形をとり始めたのであった。

一、動物愛護のヨーロッパ

「残酷の四段階」――動物虐待の顛末

ウィリアム・ホガースの連作版画「残酷の四段階」の続きを見ていこう。各々の版画の下にはホガースによる説明があり、構図に込めた彼の意図を補足してくれる。

冒頭に見たように、残酷さの「第一段階」では、犬や猫、鳥など小動物への虐待というかたちで、主人公トム・ネロの暴力性、残虐性の初期症状が示されていた。諷刺画をよく見ると、「第一段階」にすでに、彼の未来が暗示されている。画面中央、トムの頭のすぐ左隣、絞首刑の様子を落書きする少年は、その下に「Tom Nero」と書き込んだ。子どもっぽい稚拙なその絵が語る未来予想は、第四段階で見事に当たる。

その間、「第二段階」(図3-3)では、虐待の対象が小動物から馬や牛、羊といった家畜へと変化する。画面左下、乗客たちの重みに耐えかねて倒れた馬(右前脚の様子から骨が折れたと推測される)に鞭をふるう辻馬車の御者が、成長したトム・ネロである。鞭で叩かれる馬の目も、トムによって傷つけられた。

トムだけではない。「第一段階」の子ども同様、ここでは大人たちによる動物虐待の様子がたくさん認め

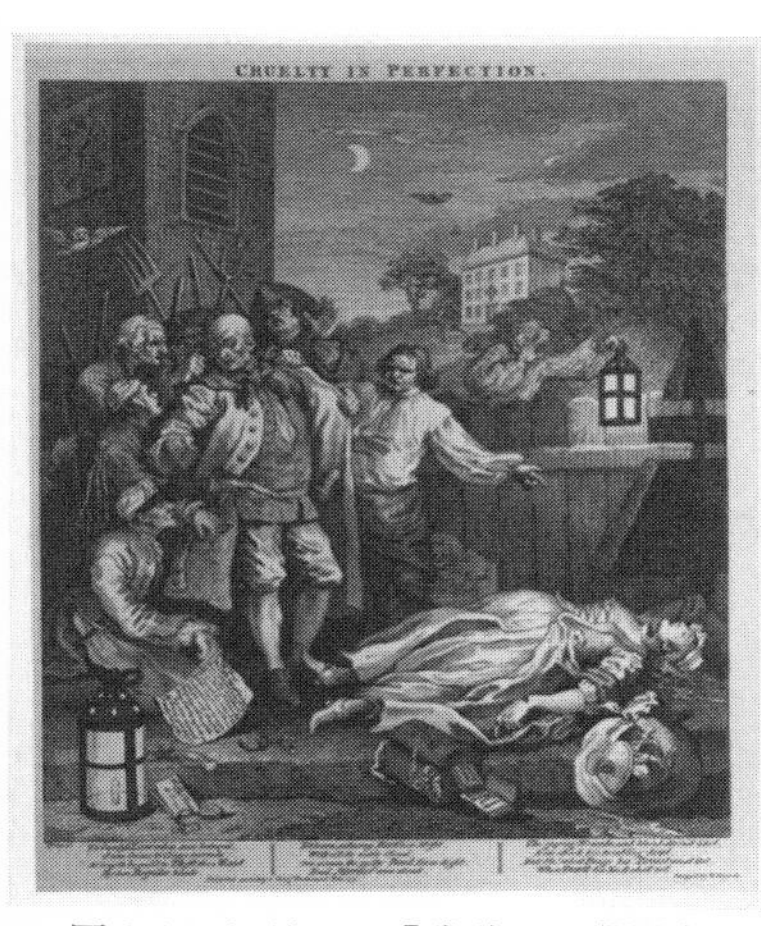
図 3-4　ホガース「残酷の四段階」第三段階「完全無欠の残酷さ」

図 3-3　ホガース「残酷の四段階」第二段階

られる。定員オーバーを承知でトムの辻馬車に乗りこんだ法律家たちもそうだ。右下では、群れについていけない足の遅い羊が棍棒で殴り殺されている。その上、ビールを運ぶロバを御するはずの商人は眠りこけて、子どもをひいたことに気がつかない。画面中央では、人間と過剰な荷物とを背負ったロバの姿がある。右奥では大勢の人間が牛にちょっかいをかけている。一八世紀半ば、動物虐待は子どもだけの問題ではなかった。

トム・ネロはこの一件で御者を解雇され、その後強盗に転身する。そして「第三段階」（図3-4）で、ついに人を殺してしまう。殺されたのは、トムの恋人で召使のアン・ジル。絵の手前に転がるボックスに刻まれた「A.G」は彼女のイニシャルである。ボックスから滑り出た二冊の本、『一般祈祷書』と『殺人に対する神の報復』に、トムに刺されて倒れた彼女の指が向けられている。アンは奉公先の家から物を盗み、トムの強盗の片棒を担いできたが、良心の呵責にさいなまれ、この夜、トムに殺されることを予想しながら、彼に会ったようだ。事情を伝えるのは、左手前の男性（そばに置かれたトーチから夜警と思われる）が手にした手紙で、アンからトムに宛てた遺書のような文面である。

彼女の悲鳴を聞いてかけつけた周辺住民によってトムは捕まり、「残酷さの報い」（図3-4）と題された最後の段階を迎える。

外科医の独立と解剖

解剖台の上に、死んだトム・ネロが横たわっている。首には絞首刑で使われた縄が巻きつけられたままであり、トムの死体が新鮮であることが暗示されている。当時の慣例に従って、外科医たちによってトムの死体は公開解剖された。画面中央手前で、切り刻まれる彼の身体からこぼれ出た心臓を食べる犬は、トムがその人生で重ねた動物虐待の「報い」を象徴しているようだ。因果応報、という言葉が浮かんでくる。

図 3-5 ホガース「残酷の四段階」第四段階「残酷さの報い」

余談ながら、一七世紀をつうじて、イギリス、そして広くヨーロッパでも、外科医と床屋の区別はなかった。動脈と静脈を示す赤と青のらせんがぐるぐる回るランプサインは、床屋が外科医を兼務していた時代の名残りである。聖職者が血に触れて穢れることを忌み嫌い、頭脳以外の肉体労働への蔑視とも相まって、手を使う床屋は外科医同様、医療の一角を担っていた。イギリスにおける彼らのギルド（職能団体）は、その名も「床屋外科医組合」と称していた。

この近世の「常識」が変わりはじめるのが、「残酷の四段階」前後のことである。一七四四年、床屋外科医組合のトップに就任したウィリアム・チェゼルデンは、翌年、床屋の業務（理容業）から外科医の業務を分離し、「外科医組合」として自立したのである。これ以後、一八世紀後半を

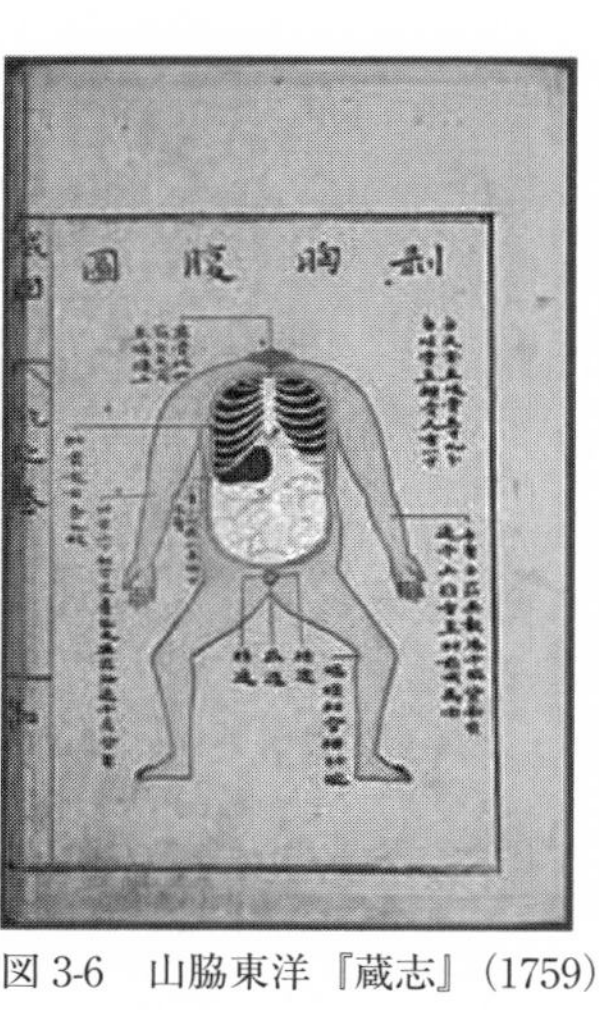

図 3-6　山脇東洋『蔵志』（1759）

通じて外科医の業務は洗練されていき、やがて内科医と同じく医学の専門職とみなされるようになっていった。外科の発展に尽くしたひとりに、ジョン・ハンターという人物がいる。解剖学者でもあった医師の兄ウィリアムの助手として、当初は新鮮な死体の調達をしていたが、手先の器用さから兄に外科医の才能を見出され、チェゼルデンに師事した。動物解剖・実験をくり返し、さまざまな生物、植物、そして人体などを大量に集めた個人博物館でも知られる。自らの死体を解剖するよう、弟子たちに言い残したハンターの人生は、医学の知識増進には人体解剖が不可欠であったことを改めて教えてくれる。

日本で人体解剖といえば、思い浮かぶのは、京都の刑場（六角牢獄）で日本で初めて刑死者の解剖を行った山脇東洋の『蔵志』（一七五九）だろうか。あるいは、前野良沢と杉田玄白が江戸（小塚原）の刑場で、やはり刑死者の解剖を期に着手された『解体新書』（一七七四）だろうか。いずれも使われたのは処刑された者の新鮮な身体であるが、解剖された罪人の名前は伝わっていない。彼らもまた、トム・ネロのように、動

物虐待をエスカレートさせてきたのだろうか。

大の犬好きで、社会問題を諷刺画に描きつづけたホガースは、諷刺画を通じて動物虐待は身を滅ぼすことを警告した。その一方で、この連作につぎの言葉を添えた。「この絵に刺激される人が出ませんように」——それほど、ホガースの時代、一八世紀半ばのイギリスでは動物虐待が常態化していたということだろう。

動物裁判とその後

イギリスを含み、ヨーロッパにおける動物観には、キリスト教という一神教が持つ人間中心主義が強く影響している。全知全能の唯一神をかたどって創られた人間に、自然界を、そこに生きとし生けるもののすべてを、支配する特権を認めることがその典型だろう。旧約聖書の『創世記』は、他の生き物を支配する者、鳥や魚、動物を食する者として人間を位置づけるエピソードに溢れている。キリスト教の信仰がヨーロッパ世界の精神的支柱となっていく過程で、キリスト教は、ヨーロッパ各地に存在したアニミズム的な自然崇拝、異教の神々をつぎつぎとその胎内に収めていった。ヨーロッパ世界におけるキリスト教の布教と拡大とは、あらゆる生き物に霊魂の存在を認めてきたケルトやゲルマンらの異教世界を、自然に対する畏怖心を、森林伐採のような開拓、征服欲や支配欲へと転換していった一面があることは否めない。そのなかで、キリスト教は、動物に対する、そして動物を含む自然界に対する「冷淡さ」を強めたのかもしれない。中世から近世にかけてのヨーロッパ、特にフランスで行われた「動物裁判」はそれを端的に物語る。

「動物裁判」とは、人間に危害や損害を与えた動物を告訴し、人間と同じ手続きを経て、その「犯罪」を公開で裁く裁判である。池上俊一の『動物裁判』によれば、その対象は豚や牛からミミズや昆虫に至るまで、ありとあらゆる生物に及んだとされる。刑事訴訟の場合、裁判は国王や領主が主催する世俗裁判所で行われた。一四五六年、フランスのブルゴーニュで五歳の子どもを喰い殺したという豚は、裁判所内の木に後ろ足を吊るされて処刑された。民事訴訟の場合は主に教会裁判所が担当し、大量発生して農作物や土地などに害を与えた虫や動物――バッタやアオムシ、ケムシ、ネズミやモグラなどが「被告」とされたが、これらを「被告席」に召喚することは難しいため、まとめて悪魔祓いの儀式と「破門」宣言がなされた。「破門」を適用することで、これらの動物も虫もキリスト教世界の支配下に置かれたわけである。

こうした事例からもわかるように、「動物裁判」自体に実質的な紛争解決力があったわけではない。池上俊一が指摘するように、それは「人間のための人間による人間中心の秩序維持システム」であり、うまく説明できない自然現象や被害に折り合いをつけるために、動物を犠牲にしたわけである。

動物は人間の犠牲になってもかまわないとの認識は、動物裁判が下火となる一七世紀以降も基本的に変わらなかった。たとえば、フランスの哲学者ルネ・デカルトは、『方法序説』（一六三七）のなかで、合理的な思考ができることこそ、感情や自由意志を持つ根拠だと論じた。まさしく、「われ思う、ゆえにわれあり」、である。よって、合理的な思考を持たない動物には、身体はあっても精神、心はなく、ゆえに感情はなく、苦痛も感じないとされた。この考え方が、「野蛮の四段階」の一八世紀半ばに至る動物観を支えていたといえる。

言い換えれば、動物虐待から動物愛護への転換には、痛みを感じないと考えられてきた動物に痛みが存在することを「想像」する力、そしてその痛みに「共感」する力が何よりも必要であった。

感情の歴史

近年、人びとの感情や感性、及びその変化に着目して時代を、過去を捉え直そうとする「感情の歴史」とよばれる研究が活発に行われている。そこでは、人は何に残酷さや怒り、恐怖を感じるのか、何を恥ずかしいと思うのかといった、感情の対象や表現とその変化が議論されてきた。

感情の考察といえば、アリストテレスの『弁論術』(特に第二巻)をはじめ、古代ギリシャ以来の議論があるのだが、人間の喜怒哀楽や感情は普遍的なものであって、そこに歴史性がどう問えるか、よくわからないという向きもあるだろう。感情は個人的なもの、あるいは感情の認知には個人差があるという見方もある。だが、ほんとうに感情は人類共通で、個人的なものなのだろうか。

『においの歴史』『音の風景』『快楽の歴史』などで人間の感性を問いつづけてきたフランスの歴史家アラン・コルバンらが編者となって編まれた三巻本の大著『感情の歴史』には、感情を歴史の問題として捉える視点があふれている。編者三人による総序には、本書第一章で見たリュシアン・フェーヴルが、「感情の歴史」の先駆的存在として紹介され、彼のこんな言葉が添えられている。曰く「愛の歴史…死の歴史…憐憫の歴史…残酷さの歴史…喜びの歴史」が欠けているかぎり、「歴史学など存在しないだろう」——(傍点も同書)。

恐怖や怒り、恥辱はいつの時代にも存在する。だが、時代や地域によって感受性もその意味も微妙に異なる。たとえば、上記アリストテレスの『弁論術』第二巻には、「奴隷は怒りを覚えない」とある。「怒りは尊厳を踏みにじられたときの憤慨から生じるものであるのに対し、奴隷は基本的に、自分には尊厳などまったくないことを知っているので、憤慨のしようがない」からだ。これに私たちが違和感を覚えるのは、アリストテレスの時代とわたしたちの時代との違いが関わっている。すなわち、アリストテレスは「他のすべての知覚以上に、感情は、地位、信仰、個人的・集団的目的に根ざすとともに、それを感じる個人の性格自体から生じる」と考えていたのである。かくして、感情は「歴史家の研究領域に属する」のである（『感情の歴史』Ⅰ、三七〜三八頁）。

ルネサンス期の宮廷や上流階級の間で流行した礼儀作法書も、当時の感情とその抑制を考える格好の史料である。エラスムスは『子どもの礼儀についての覚書』（一五三〇）で、子どもの「本能的で動物的な衝動からの脱皮には教育が重要である」として、人間の中の動物性の抑制と「真の礼儀正しさや理性」との関係性に触れている。それは、現代のビジネスマンに必至とされる「アンガーマネジメント」（怒りの感情との向き合い方）のルーツといえるかもしれない。感情を単に個人の問題にとどめず、歴史の問題として問えば、怒りの感情が爆発したフランス革命の政治性への見方も変わってくるだろう。

本章で見ている動物に対する人間の感情は、変化を可視化するひとつの指標となりうる。ホガースの「残酷の四段階」とランシアの「年老いた羊飼いの喪主」の間、一七五〇年代と一八三〇年代の間は、イギリスにおける感情の大きな転換期ではなかっただろうか。

動物虐待防止法の成立

人間と動物の新しい関係性は、動物と関わる法律制定にはっきりと示されている。

イギリスで初めて動物虐待と関わる法案が議会に提出されたのは、ナポレオン戦争真っただ中の一八〇〇年四月で、スコットランド出身のウィリアム・パルトニーという国会議員による「牛いじめを違法とする法案」である。

「牛いじめ」とは、懸賞金付きの闘犬の一種であるが、犬同士ではなく、犬と雄牛（ブル）とを闘わせる中世以来の民衆娯楽である。自由に歩けるくらいの長さのロープで杭につながれた牛に数頭の犬をけしかけ、最初に牛の鼻に噛みついて放さず、倒すことに成功した犬の飼い主に賞金が支払われる。この娯楽のために改良を重ねて作られた犬種がブルドックである。似たようなルールの「熊いじめ」とともに人気を博した。パルトニーが提出した法案では、この残酷な娯楽に熱中する労働者の職場放棄、すなわち動物虐待が労働者のモラルに与える影響が問題視されていたが、牛いじめを労働者管理の問題と結びつけて考える議員はほとんどおらず、法案はすぐさま却下された。

これに対して、「パルトニーは動物いじめ自体の残酷さについて何も語っていない」と憤慨したのが、ウィリアム・ウィルバーフォース（一七五九〜一八三三）である。イングランド北部、北海に注ぐハンバー川河口の港町、ハル選出の国会議員だ。国教会内部の改革運動である福音主義に共鳴した彼は、信仰を社会問題の解決に生かそうと、さまざまな道徳改善運動に取り組んだ。貧しい子どもたちのための日曜学校運動、救貧院や刑務所、精神病院の改善、そして次節で述べる奴隷貿易廃止運動などなど。すなわち、本章冒頭に掲げた二枚の絵の間の時期に行われた諸改革は、動物に対する感情の変化が、奴隷、子ども、諸施設の収容者に対する感情の変化と相即不離であったことを物語っている。

一九世紀初頭、動物に対する人間の感情変化はじわじわと形をとりはじめる。一八〇二年には別の議員が類似の法案を提出、否決されたが、一八〇九年に愛犬・愛鳥家として知られるある貴族が貴族院（上院）に動物虐待防止法案を提出したときには、賛否の差は一〇票ほどになっていた。同じ一八〇九年には、奴隷貿易廃止運動の拠点のひとつ、リヴァプールで「動物に対するいわれなき虐待の防止」を目的に掲げた、民間初の動物愛護団体が結成された。その後、動物、とりわけ牛や馬、羊といった家畜を虐待防止の対象にした類似の法案が提出と却下をくり返した後、一八二二年、「残酷で不当な家畜の扱いを禁止する法案」が可決、成立した。法案提出の議員にちなんで「マーティン法」と呼ばれるこの法律こそ、「動物愛護の国」イギリスの出発点でもある。その二年後の一八二四年には、マーティン法の遵守を目的に、ロンドンで「動物虐待防止協会（ＳＰＣＡ）」が設立された。マーティン法に名を残すリチャード・マーティンはもちろんのこと、ウィルバーフォースやリチャード・バクストンら、前年（一八二三年）に結成された「反奴隷制協会」のメンバーも多数加わった。

ＳＰＣＡの活動の主体は「動物虐待の監視と告発」にあり、その存在は、警官にも似た制服に身を包んだ視察官（インスペクター）によって可視化された。それは、中産階級以上の人びとに会員を増やしたいＳＰＣＡが、「粗野で野蛮な労働者」の道徳改善とそれを通じたよりよき社会の実現をめざしていたことと無関係ではない。「動物虐待者の告発」は、産業革命後の新たな格差社会において、「持てる者」と「持たざる者」という「二つの国民」（動物愛護意識の高い「持てる者」と動物を虐待する「持たざる者」）を識別するリトマス試験紙の役割を果たしていたのである。

ＳＰＣＡがこの手法で支部を拡大し、ロビー活動を続けるなかで、法律はさらに改正を重ね、「動物関連法」（一八三五）、通称「物言わぬ動物たちのマグナカルタ」では、先述した民衆娯楽に使われた雄牛や熊、そして犬が虐待防止の対象に加えられた。この年、母とともにＳＰＣＡの会員となった若きヴィクトリアは二年後に即位して女王となり、一八四〇年、この協会に「王立（ロイヤル）」の称号を認めた。ＳＰＣＡはＲＳＰＣＡとなり、イギリス王室の伝統を動物愛護と結びつけて現在に至っている。

ちなみに、猫が虐待防止対象となるのは、一八四九年の同法改正によってである。この時の改正で、動物を虐待した者には、罰金や賠償金が課せられるようになった。

とはいえ、一九世紀前半までの動物愛護とは、動物の受ける痛みではなく、動物虐待という行為が社会や地域に与える影響を問題にしていたといえるだろう。

「思いやりの衝動」のゆくえ

先に見た動物虐待防止法の成立過程の時期は、産業革命で経済構造が変化して以後の階級再編、階級意識の変質と重なっている。とりわけ都市化は、人の暮らし方、住まい方を大きく変えた。都市化に伴う社会的流動性の高まりで伝統的な共同体は崩壊し、新しい都市環境に見合ったルール作りが急務となった。

都市という匿名空間で強く求められるのは、利己心を抑制する新しいモラルである。すでに一八世紀半ば、アダム・スミスは『道徳感情論』（一七五九）で人間の心の中にある「共感（シンパシー）」を論じていたが、一八世紀後半から一九世紀前半にかけて、「他者」の痛みを想像することはますます大きな意味を持つようになった。産業革命が進行するイギリス社会で、貧困や犯罪、健康や福祉などと関わる領域で改革を突き動かしたのも、「他者を感じる」という新しい感性の芽生えだと思われる。『動物への配慮』の著者で歴史家のジェームズ・ターナーは、それを「思いやりの衝動」と表現している。

この衝動をさらに後押ししたのは、チャールズ・ダーウィンの『種の起源』（一八五九）の衝撃であり、「人間と動物は親戚関係」と見る認識の広がりであった。ホガース同様、愛犬家として知られるダーウィンは、『人及び動物の表情について』（一八七二）で、犬の痛みの感覚、痛み以外の感情、その伝達手段などを論じている。こうして「動物の痛み」自体が残虐行為の核心として問題視されたことで、当時実験動物としてよく使われた犬を中心に、「動物愛護か、科学の発展か」が激しい論争を呼んだ。生体解剖反対で知られるヴィクトリア女王の裁可を経て、動物実験を規制する法律が制定されたのは一八七六年のことである。

同時期、一八七一年にはオーストラリアに、七二年にはニュージーランドと南アフリカ、七三年にはカナダに、ＲＳＰＣＡをモデルとする動物虐待防止協会が設立された。動物愛護は、イギリス帝国の共通認識となったのである。

だがこのとき、皮肉にも、人間の子どもは虐待防止の対象とはなっていなかった。一八三三年の工場法では綿工場における九歳未満の児童労働が禁止されたが、煙突掃除の少年たち、通称クライミング・ボーイが禁止されるのは、一二歳のジョージ・ブリュースターが煙突のなかで作業中、身動きができなくなって窒息死した事件（一八七五年）の後でしかない。動物虐待防止協会の体制を模倣して、民間団体「ロンドン児童虐待防止協会」が設立されるのは一八八四年、それが全国組織化するのは一八八九年のことである。スナウラ・テイラーの『荷を引く獣たち』は、一九世紀後半、健常者を中心とする世界にあって、動物愛護運動が障がい者運動とも手を携えて進められたことを教えてくれる。

皮肉はもうひとつある。動物愛護がイギリス帝国の共通認識となって進められる一八七〇年代以降、イギリスがアジアやアフリカに植民地を拡大したことである。現地の人びとに対する搾取や虐待、それを正当化する「野蛮の文明化」や人種主義などは、同時代のイギリス人（そして類似の動物愛護思想を浸透させていくフランスやドイツ、オランダやベルギーの人びと）が犬や猫に感じた「思いやりの衝動」とは、あまりにアンバランスな気がするのである。現地人という「他者」に想像力を働かせることはそんなにも難しいことだったのだろうか。

動物愛護と現地人虐待の「間」を問いながら、作家・山田詠美の言葉（随想集『吉祥寺ドリーミン』）がふと浮かんだ。「ヒューマニズムは、自分と関係のない場合にだけ、熱く語られる」。

二、二一世紀的課題としての奴隷貿易

啓蒙思想の広がりと奴隷解放

有史以来、奴隷を組み込んだ社会は世界各地に存在する。古代ギリシャのポリス社会は奴隷なしではありえなかったし、古代ローマ帝国で剣奴（剣闘士）のスパルタクスが七万もの奴隷とともに起こした反乱（紀元前七三〜七一）は歴史教科書でもおなじみだろう。

奴隷とは、人格を否定され、人間としての権利も自由も認められない、基本的にモノ（アリストテレスの表現を借りれば「物言うモノ」）として、その所有者に生殺与奪の権利を握られ、売買や譲渡の対象とされた。主たる供給源は戦争捕虜や奴隷の子どもであったが、山賊や海賊、悪徳商人らに誘拐された、あるいは何らかの理由で捨てられた子どもたちも、奴隷として売買された。

しかしながら、「ヨーロッパの経験」のなかで「奴隷」といえば、何よりも、一五世紀末から一九世紀を通じて行われた大西洋上の奴隷貿易であろう。ヨーロッパ、アフリカ、南北アメリカという三つの大陸を結

ぶ「三角貿易」において、アフリカ大陸から南北アメリカ大陸へと向かう一辺では、黒人奴隷が唯一の「商品」であった。このことはとても異常である。通常の交易は、地域と地域のモノの交換という「双方向の関係」で成り立つものである。だがこの一辺に限っては、「黒い積み荷」、すなわちアフリカ人奴隷のみを扱う、一方通行の交易であった。

歴史教科書のいう「大航海時代」とは、文字通り、一五世紀末以降のヨーロッパ、正しくは西欧諸国の経験である。その先陣を切ったスペインやポルトガルは、中南米の文明世界、インカ帝国やアステカ帝国をつぎつぎと滅ぼし、金・銀鉱山開発のために先住民（インディオ）を労働力として使い、ヨーロッパから持ち込んだ感染症や疫病でその人口を激減させた。ここに、先住民に代わる労働力として、アフリカから奴隷を送り込む一方通行の流れも生まれた。以後、一九世紀末までの間に、一二〇〇万人を超えるアフリカの人びとが、奴隷として、自分の意志に反して強制的に南北アメリカに送られ、その二割前後が奴隷船内の劣悪な環境のために、大西洋上の中間航路で命を落とした。大西洋を無事に渡りきった奴隷には、カリブ海域や南北アメリカの鉱山や農園（プランテーション）での厳しい肉体労働と人間性を否定した過酷な生活が待っていた。

奴隷に対する非人間的な扱いが問題視されるのは、一八世紀末以降のことである。

アメリカ独立革命やフランス革命を招いた啓蒙思想が大西洋の両岸に広がり、「啓蒙の世紀」ともいわれた一八世紀は、ヨーロッパの各地でさまざまな束縛——身分や組織、ジェンダー、宗教など——からの解放が求められ、進められた時代であった。啓蒙思想を追究する思想家（フィロゾーフ）たちは、キリスト教の価値観、聖書の記述や神学の解釈を疑問視し、人間と自然を神から解放して、人間そのもの、自然そのものを「科学」した。自由、平等、人権といった概念、あるいは民主主義、共和主義、唯物主義などを武器に、ヨーロッパの知識人とその支持者らは国境を越えて交流した。その知はコーヒーハウスやカフェ、サロンなどの言論空間にも広がり、印刷物やジャーナリズムを通じて拡散した。「解放の思想」を語り合う人びとによって、奴隷解放への道もまた準備されていく。

その中核を担ったのはイギリスである。ナポレオン戦争後のウィーン会議で、条約に「奴隷貿易を非難する共同宣言」(一八一五年六月)を滑り込ませたのもイギリスであった。その後、一九世紀末までに、反奴隷制運動は、西欧諸国のみならず、同時期に独立を果たすラテンアメリカ諸国を巻き込みながら、環大西洋世界の共通経験となっていった。

奴隷貿易を監視する――マリア・ルス号事件

ナポレオン戦争中の一八〇七年三月、イギリス議会は奴隷貿易廃止法案を通過させた。廃止は砂糖キビ農園を中心とするカリブ海域の英領でまずは実施され、これに、ウィーン会議で正式に英領となったモーリシャス諸島、南米北東部のギアナ(現ガイアナ)が続いた。ウィーン会議で正式に英領と認められる南アフリカのケープ植民地は、対仏戦争中、一時的にオランダ東インド会社の領土と権限を引き継いだバタヴィア共和国(オランダを支配したフランス占領下の国家名)の管轄下に置かれたが、一八〇六年にイギリスが再征服しており、奴隷貿易廃止の対象地となった。

奴隷貿易廃止の翌年から、イギリス海軍は、奴隷の供給地である西アフリカ沿岸部の奴隷船取り締まりに当たった。上記、「奴隷貿易を非難する共同宣言」以後は、ポルトガルやスペイン、オランダ、フランスなど、カリブ海域やラテンアメリカに植民地を持つ西欧諸国ともイギリスは個別に条約を結び、奴隷の有無を確かめる船内立ち入り調査を実施して、奴隷船の拿捕と裁判でも中心的な役割を担っていく。

フランスでは、第二章で見たように、フランス革命の最中に起こった植民地サン・ドマングの奴隷反乱を受けて、一八九四年、国民公会は奴隷制度の廃止を決めたが、ナポレオンがそれを覆し、一八〇二年、奴隷制度を復活させた。ウィーン会議後はイギリス主導の奴隷船立ち入り検査も拒否したフランスだが、一八三〇年の七月革命の翌年、奴隷貿易禁止法が制定され、一八四八年二月革命で再び共和政となった直後、奴隷制廃止が決定された。同年、デンマークも奴隷制を廃止している。

その後、イギリスは西アフリカ沿岸警備の派遣を一八六五年に終了させたが、「世界の奴隷監視人」の役割は継続した。

一八七二年七月、中国マカオから南米西岸ペルーへの航行途中、破損した船の修理のために立ち寄った横浜港で、数名の中国(清朝)の苦力(クーリー)が海に飛び込み、停泊中のイギリス軍艦に助けを求めた。イギリスはこの船、ペルー船籍のマリア・ルス号を「奴隷船」と判断し、駐日イギリス公使代理は日本政府にクーリー解放の支援を求めた。外務大臣・副島種臣の要請で神奈川県権令(現在の副知事)の大江卓が船内調査を命じたところ、劣悪な環境の船内に二〇〇名をゆうに超えるクーリーが発見された。大江を裁判長として神奈川県庁内で開かれた特別裁判で、クーリーとは「移民契約」だと主張するマリア・ルス号船長の反論は退けられ、クーリーは奴隷と認定され、解放された。

だが、この裁判のなかで、船長の弁護士は、日本国内にいる奴隷のような存在、遊郭の遊女に言及した。前借した借金返済のために性労働を強制され、年季契約で拘束された彼女たちもまた、自分の意志を奪われ、時に虐待されている。それはマリア・ルス号船内にいたクーリーと同じではないか。そして、クーリーが奴隷ならば、遊女もまた奴隷である――遊女の年季証文の写しと横浜の病院報告書を提出したマリア・ルス号側の弁護士の発言は、初めての国際裁判に臨んだ明治政府に大きなショックを与えたようだ。政府はすぐさま、太政官布告にて、前借金に縛られた遊女の解放令、通称「芸娼妓解放令」を発令(一八七二年一一月)して対応した。もっとも、国際社会、すなわち欧米諸国を意識した形だけの「解放」が、どこまで当時の貧しい女性たちの身売り防止に役立ったか、専門家の間では効果を疑問視する声が多い。

環大西洋世界の共通経験

一方、奴隷労働が行われた南北アメリカ大陸での動きはどうだったのか。

アメリカでは、クェーカーを中心に奴隷貿易や奴隷制を批判する声が強く、アメリカ独立戦争前後から廃止姿勢が州単位で明確になっていった。独立宣言(一七七六)の翌年、ヴァーモント州の州憲法が奴隷制廃止(徒弟を除くすべての成人に対する強制労働・奴隷の禁止)を宣言して以降、アメリカ北東部八州でも州議会で奴隷制廃止が検討された。イギリスの奴隷貿易廃止に触発されて、南部諸州も奴隷貿易の廃止に合意したことで、一八〇八年、アメリカにおける奴隷貿易は禁止された。だが、南部諸州は制度そのものの廃止には反対したため、アメリカ合衆国としての奴隷制廃止には、南北戦争(一八六一~六五)という大きな代償を払わねばならなかった。奴隷制廃止を明言する合衆国憲法修正第一三条の批准(一八六五)は、奴隷貿易廃止から半世紀余りも後のことであった。

このように、まずはアフリカからの奴隷の流れを禁じ、その後、奴隷制そのものを廃止するという二段階方式はアメリカだけではない。イギリスが奴隷制を廃止したのは、一八〇七年の奴隷貿易廃止から二十数年後、一八三三年（五年間の経過措置適用）のことである。世界の奴隷制廃止を追った川分圭子によると、多くがこの二段階方式をとったという。

植民地時代に本国スペインの方針に従って奴隷貿易を廃止していたラテンアメリカでは、フランス革命の影響下で独立を遂げるとほぼ同時に、奴隷制も廃止するところが多かった。チリ（一八二一年に廃止）、さらにはペルーやメキシコ（いずれも一八二一年廃止）など、極めて早期に奴隷制の廃止が宣言された背景には、黒人奴隷を必要としたプランテーションへの経済的依存度が低く、よって奴隷人口がカリブ海域や合衆国に比べて少なく、メスティーソやムラートといった混血、有色の自由人が人口の多数を占めていたことが指摘されている。

最後まで奴隷制廃止を渋ったのは、ポルトガルから独立したブラジルである。ブラジルは、植民地時代にイギリス＝ポルトガル間の奴隷貿易禁止の条約は受け入れていたが、奴隷制廃止が進む一九世紀前半のカリブ海域で、英領、仏領の砂糖生産が衰退すると、リオ・デ・ジャネイロやサン・パウロ周辺では新たな砂糖キビ農園が拡大。綿花やコーヒーの栽培とともに、奴隷労働を必要とした。南北戦争というアメリカの「苦難」を目撃したことから、ブラジルが奴隷制廃止に本腰を入れるのは一八七〇年代、廃止は一八八八年のことであった。

奴隷貿易と奴隷制の廃止の歴史を概観してみると、それがヨーロッパ内部の自由を求める動きやそれに伴う政治体制の変化、さらにはヨーロッパの延長線上に開かれたラテンアメリカの独立と国家整備とつながっていたことが確認できる。アメリカ独立、フランス革命、その後の自由主義革命、イギリスの産業革命に刺激された工業化・産業化の波は、いずれも奴隷貿易、奴隷制への反対とつながっていた。言い換えれば、一九世紀をつうじて、国家と「国民」の再編をくり返すなかで、ヨーロッパ諸国、アメリカ合衆国、そしてラテンアメリカ諸国は、反奴隷制という共通経験を自分たちのアイデンティティとしていったのである。とりわけ、この動きをリードしたイギリスにとって、「反奴隷」という言葉は決定的に重要であった。

ただし、それが「人道」というモラルの問題として議論されたかというと、そうとばかりもいえない。廃止が「人道」に基づくものか、あるいは経済的利害の問題（奴隷は儲からない）なのか、さまざまな議論があり、未だに決着を見ていない。とりわけ前者、「人道」という点でいえば、奴隷貿易と奴隷制の廃止議論が本格化する一九世紀前半は、欧米諸国で「人種」という人間分類の概念が注目され、その中身が練り上げられていった時期と一致する。啓蒙の知識人たちは、ヨーロッパ人（そしてアメリカを含めた欧米人）との比較から、「黒い肌、大きく平たい鼻、分厚い唇、縮れ毛」といった黒人の身体的特徴は、醜いだけでなく、知性や道徳性の低さを示すと考えた。もっぱら黒人を焦点化しながら、アメリカやフランス、イギリス、ドイツなどで精緻化されていく人種主義の概観は、平野千果子『人種主義の歴史』に詳しい。骨相学や観相学など、人の外見から内面を測る「科学」と交錯しながら、人種主義はしだいに大衆化していき、一九世紀後半から二〇世紀前半にかけて、帝国主義の正当化の根拠ともなっていく。

こうして、一八世紀末から一九世紀を通じて、奴隷解放の動きは、「人種」分類への関心、「科学」の名を借りて行われたその精緻化、人間の「序列化」と表裏一体で進められた。解放の一方で進められた人種主義（レイシズム）の理論化と大衆化。このこと自体が、ヨーロッパ優位で築かれていく「近代」という世界の本質を言い当てている。すなわち、そこには、欧米諸国が植民地の奴隷解放をどんなに進めようとも、人種主義がなくならない仕組みが埋め込まれていたのである。

わたしたちはこのことにもっと自覚的でなければならない。なぜなら、奴隷貿易や奴隷制は、歴史教科書に収まる「過去」になるどころか、わたしたちが生きる二一世紀を揺さぶるリアルな問題となっているからである。

二一世紀的課題としての奴隷貿易

二一世紀最初の年、二〇〇一年八月三一日、南アフリカ東岸の港町ダーバンにて、国連主催の「人種主義、人種差別、排外主義、及び関連する不寛容に反対する世界会議」（二〇〇一年八月三一日〜九月八日。通称ダーバン会議）が始まった。最終日に出された「ダーバン宣言」第一三項には、奴隷貿易と奴隷制度が「人道に対する罪」であることが明確に盛り込まれた。その三日後にアメリカ同時多発テロ事件、「九・一一」が起きなければ、「反奴隷制」が二一世紀の課題であることがもっと強烈に印象づけられたかもしれない。「ダーバン宣言」については一〇年ごとのフォローアップが今なお続いているが、その注目度はけっして高いとはいえないだろう。

その一方で、反奴隷制は、二一世紀に入って何度も話題を集めてきた。たとえば、奴隷貿易廃止から二〇〇周年となる二〇〇七年には、「二一世紀にわたしたちは何を記憶すべきか」がイギリス各地で広く問われ、かつてのイギリス植民地でも、同じ過去を持つヨーロッパ諸国やアメリカでも、関連する顕彰行事が盛んに開催された。当時のブレア首相は、奴隷貿易の過去を非難し、その廃止を闘った人たちに触れたメッセージのなかで、このイギリスの過去に「深い悲しみと遺憾の意」を表明したが、国内のアフリカ系市民からは、「それが謝罪か」と疑問や反発が数多く寄せられた。

二〇〇七年、エリザベス二世列席のもと、ウェストミンスタ寺院で行われた二〇〇周年の記念礼拝では、儀礼の途中で突然、在英黒人組織の活動家が寺院中央に歩み出て、演説をはじめた。彼は寺院に集った三者――君主、首相、カンタベリー大主教に奴隷貿易の責任を直接問い質そうとしたのだが、すぐにとり押さえられ、寺院の外へと連れ出された。その姿は放映中のBBCの映像にしっかり映り込んだ。だが、この出来事を伝える新聞各紙は、彼の主張以上に、「なぜこの人物は、厳戒態勢のウェストミンスタ寺院に入り、女王にあと数メートルまで近づけたのか」というセキュリティを問題視していた。そこには、「ダーバン宣言」を後景に追いやった九・一一以降、「テロとの戦い」という欧米主導の国際情勢が確認できるだろう。

イギリスでは二〇一五年、その名も「現代奴隷法（Modern Slavery Act）」という法律が議会を通過した。グローバル化するサプライチェーンにおける人権侵害、強制労働や児童労働、人身売買や性的搾取などの阻止、根絶を目ざすこの法律の制定は、一九世紀にイギリスが果たした「世界の奴隷監視人」としての役割を彷彿とさせる。二〇一八年にはオーストラリアでも同じ法案が通過した（二〇一九年一月施行）。「現代奴隷法」は、イギリス国内だけではなく、サプライチェーンでつながる国外の企業にも適用され、年に一度の報告を義務付けている。そこには当然のことながら、日本企業も数多く含まれる。残念ながら、奴隷貿易も奴隷制も、今なお「過去」のものとはなっていないのだ。

さらには二〇二〇年五月、アメリカ、ミネソタ州ミネアポリスでアフリカ系のジョージ・フロイドが、取り押さえられた警官に頸部を圧迫され、「息ができない」という言葉をくり返したのちに死亡した。この事件は、その一部始終がＳＮＳでリアルタイムに拡散され、「ブラック・ライヴズ・マター（ＢＬＭ、黒人の命は大切だ）」運動はまたたく間に世界各地に広がった。人種主義に反対するＢＬＭ運動の中心は、ミレニアム世代やZ世代の若者たちである。二一世紀の今、過去の人びとを「被告席」に座らせ、その人種主義を問うことは不可能である。それゆえに、彼らは、奴隷貿易や奴隷制と関わる歴史上の人物の彫像や記念碑を襲い、落書きをし、時に引き倒したのである。先に述べたように、植民地の奴隷解放をどれほど進めようとも、人種主義がなくならない仕組みが、ヨーロッパ近代以来ずっと内在してきた。このことを、歴史の理解はいささかナイーヴながら、二一世紀の若者たちは見抜いていたのかもしれない。奴隷貿易、奴隷制、そして植民地主義の過去は、自分たちの周囲に存在する現在の人種主義と直結している――表現を変えれば、BLM運動もまた、「過去と現在の対話」に他ならない。

どうもわたしたちの世界は、かつて一九世紀の環大西洋世界で展開された反奴隷制運動をさまざまに追体験しているように思われてならない。そこにわたしたちは何を読みとればいいのだろうか。

変わる問い――誰が奴隷貿易を廃止したのか

手始めに、「誰が奴隷貿易を廃止したのか」という問いを再考してみよう。

たとえば、二〇〇七年三月、奴隷貿易廃止二〇〇周年の記念礼拝で取り押さえられたあの黒人男性は、「リガリ」という在英黒人組織の創設者である。この組織は、黒人がメディアで否定的に描かれることへの抗議から生まれ、「在英黒人のアイデンティティとは何か」を活動の主軸としてきた。彼らは、二〇〇周年という節目に際しても、奴隷として大西洋を渡った祖先たちとその文化に対する敬意がないことを何よりも問題視していた。そこには、奴隷貿易廃止が、イギリス人つまり白人によって奴隷に与えられたものとして語られ、教えられてきたことへのいらだちがあるように思われる。

従来、イギリスにおける奴隷貿易廃止の動きは、逃亡奴隷を救った一七六〇年代後半のグランヴィル・シャープに始まり、一七七六年のマンスフィールド判決、一七八〇年代前半の奴隷船ゾング号事件を経て、トマス・クラークソンによる奴隷貿易廃止協会の設立（一七八七）へ、という流れで語られてきた。

牧師の息子であるグランヴィル・シャープは、一七六五年、奴隷主にひどく暴行されたジョナサン・ストロングという奴隷を救った。ところが二年後、その奴隷主がジョナサンを見つけて捕まえ、逃亡奴隷として再び西インド諸島に売ろうとしたため、シャープはこの奴隷主を脅迫罪と暴行罪で訴えた。ところが、この奴隷主は、私有財産（＝奴隷ジョナサン）に対する不当介入として逆にシャープを訴え、シャープは敗訴する。これを期に法律を学んだシャープは、一七七二年、逃亡奴隷のジェイムズ・サマセットが奴隷主に捕まえられてジャマイカに送還、投獄された事件を知り、サマセットの弁護に立ち上がった。この裁判を担当したイギリス王座裁判所の主席判事マンスフィールド卿は、奴隷主の財産権と奴隷の自由とのバランスをとり、イギリスの法では奴隷の輸出、つまりサマセットのジャマイカ送りは禁じられているとする判決で、サマセットの自由を支持、確保した。

一七八一年には、リヴァプールを出航した奴隷船ゾング号が船長の運航ミスで通常の航海日数の倍近くを要したため、奴隷一三二人を海中廃棄するという事件が起こった。ゾング号の船長はリヴァプールに戻ったのち、奴隷一人当たり三〇ポンドの保険金を請求する。これを保険会社が拒否したことで裁判となり、社会の耳目を引いた。裁判所はこれを「航行中の事故による商品損失」とみなして、船主勝訴の決定を下すが、これを不服とする保険協会は、航海を長引かせた船長のミスを指摘して、船主を保険金詐称罪で控訴した。裁判では、ゾング号の乗組員の証言から、海中投棄されたのは、病死した奴隷だけではなかったことが判明

図 3-7　クラッパム派と呼ばれる奴隷貿易廃止協会の中心人物たち

図 3-8　奴隷貿易廃止 200 周年記念切手（2007）

する。病状が軽かった二六人の奴隷は海中投棄に激しく抵抗したため、手枷足枷をされたまま海中に投げ棄てられたというのである。これがイギリス社会に大きなショックを与えた。彼ら奴隷は「黒い積み荷」なのか、それとも「黒い肌の命」なのか――ここから奴隷貿易廃止協会が生まれ、広く社会に奴隷貿易の実態を伝える啓蒙・普及活動が始まった。奴隷貿易廃止法案の提出と審議における実質的な中心人物は、先に紹介した国会議員、ウィリアム・ウィルバーフォースであった。

こうした従来の奴隷貿易廃止運動の語りには、「苦境に陥った奴隷を救出するイギリス人（特に白人男性）」（図3―7）という構図が明快に読みとれる。廃止から二〇〇年目の顕彰において修正が求められたのはまさにこの見方、すなわち、奴隷貿易廃止運動の担い手は白人男性だけではないということであった。二〇〇周年記念切手（図3―8）にはそれがはっきりと反映されている。奴隷貿易廃止を象徴する六人には、図3‐7の三人の白人男性——ウィルバーフォース（中央）、クラークソン（右下）、シャープ（左上）とともに、白人女性のハナ・モア、自由黒人のオラウダ・エキアノとイグナティウス・サンチョが選ばれた。ハナ・モア（図3‐8左下）は、同時期の日曜学校運動でも知られる慈善家であり、「黒人奴隷の詩」で奴隷の解放をアピールした。二人の自由黒人のうち、エキアノ（一七四五〜九七）は、ゾング号裁判にいち早く目を留め、その解決をシャープに相談した人物であり、彼の半生記は廃止運動と絡んでよく読まれた。エキアノには二つの異なる肖像画が伝わっていたが、切手作成のための検証で、図の3‐8右上に確定された。サンチョ（一七二九頃〜一七八〇、図3‐8右下）は一八世紀後半に作曲家、作家としての豊かな才能で、「黒人の劣性」への強い異議申し立てとなった人物である。

廃止二〇〇周年に合わせてリヴァプールにオープンした国際奴隷博物館は、二〇〇七年八月二三日の開館当日、「誰が奴隷貿易、奴隷制を廃止したのか」という「二一世紀の問い」への答えを幟に明記した（図3‐9）。曰く、「覚えておこう、わたしたちは解放されたのではない。わたしたちが闘ったのだ」。

アフリカ人奴隷と彼らをルーツに持つ人たちを「わたしたち」と呼ぶ国際奴隷博物館は、主体を奴隷や元奴隷自身に読み替えることで、奴隷貿易、奴隷制、そしてその廃止運動を「アフリカの経験」として捉え直そうとするのである。この「わたしたち」ゆえに、国際奴隷博物館は、マージーサイド海事博

図3-9　国際奴隷博物館の幟
（2007年8月23日筆者撮影）

物館の建物を共有する他の展示フロア――イギリス海軍と海戦の歴史、あるいはタイタニック号の悲劇に触れた大西洋横断の船の歴史など――とはまったく異なる重々しい空気を漂わせている。「わたしたち」から奴隷制の過去を考える視点は、以下の展示説明からも明らかだろう。

奴隷貿易は多くの人びとの命を奪ったがゆえに、ブラック・ホロコーストとして知られる。奴隷制を遠い過去の話だと考える人たちもいるが、人種主義や貧困を含めて、奴隷制の影響は現在なお、きわめてリアルな現実である。

奴隷の主体性はどのように発揮されるのか――ジェンダー視点で捉え直す

国際奴隷博物館が強調する「解放の主体」とは何なのか。その「主体性」はどのように発揮されるものなのか。学生たちにそれを問うと、「自分の意志や判断で行動を起こすこと」「自分で考えて立ち上がること」など、積極的な動きを想像する発言が多く返ってくる。それは、第二章で紹介した一七九一年八月二三日、やがてハイチの独立につながるサン・ドマングの奴隷反乱のようなものだろう。だが、「立ち上がる」とは異なる抵抗もある。

カリブ海域の英領西インド、たとえばジャマイカでは、一八二〇年代後半、イギリス本国で奴隷制廃止運動が高揚しても、依然廃止に反対しつづける農園主に奴隷たちは強い反発を覚えた。一八三一年のクリスマス、サミュエル・シャープというリーダーを中心に、奴隷たちはいっせいに労働を放棄した。サボタージュは、いわば「消極的な反乱」だろう。抵抗の方法はさまざまある。だが、シャープらリーダーの意志に反して一部の奴隷が暴徒化し、白人農園主の屋敷を襲って銃やピストルを奪い、けっきょく暴力的な一大蜂起となった。当時ジャマイカにいた黒人奴隷の約二割、六万人余りが参加したとされるこの「積極的な反乱」も、一か月ほどでイギリス軍によって鎮圧され、シャープを含む三四〇人余りが処刑された。一方で、イギリス議会は翌一八三三年七月に奴隷制廃止を決議しており、反乱は一定の成果を収めたといえるかもしれない。

とはいえ、こうした奴隷反乱に認められる「主体性」とは、圧倒的に男性奴隷が中心である。ここにジェンダー目線を入れて女性奴隷の経験を加えると、「主体性」のありかはかなり違って見えてくる。ヒントを与えてくれるのは、奴隷貿易廃止議論が深化していく一八世紀末前後に判明したある事実にあった。カリブ海域の英領の島々では奴隷人口が増えていないというのである。

アフリカ大陸からカリブ海域に向かう奴隷貿易の流れを止めても、プランテーションの労働力が確保されるためには、既存の女性奴隷が子どもを産むこと、産みつづけることが必至である。ところが、医師や奴隷改革派の人びとによる調査で発覚したのは、彼女たちの故郷西アフリカに比して、いやアメリカ南部の奴隷州と比べても、カリブ海域の奴隷の出生率が低いことであった。すでに一八世紀後半、各農園では女性奴隷の出生率向上が声高に叫ばれ、奴隷貿易廃止が実施された後には、奴隷の家庭生活にも立ち入って出産促進することが農園主に求められた。にもかかわらず、奴隷制廃止が実施される一八三四年まで、カリブ海域で奴隷人口は減りつづけたのである。子どもを持たない女性奴隷も全体の四割近くに上った。さらには、母親による一歳未満の子殺しも少なくなかった。カリブ海域における女性奴隷の出産奨励政策が失敗した原因はどこにあるのだろうか。

カリブ海域の砂糖キビ農園では、女性は男性と同じ重労働が課された。記録からは、出産直前と直後には多少緩和されたものの、妊娠中であろうと、畑仕事の労働量にも、ノルマが達成できなかった場合のむち打ちにも、いっさい手心は加えられなかった。女性奴隷の低い出生率は、当初、こうした処遇や処罰、虐待といった過酷な労働環境、あるいは栄養失調などが原因だと考えられた。もともと女性奴隷の数が男性奴隷より少なかったことも一因にあげられた。だが、理由はそれだけではなかった。

農園主たちが出生率停滞の理由として想像できなかったのは、女性奴隷の感情である。それを端的に示すのは、三か月の子どもを殺して裁判にかけられたジャマイカの女性奴隷、サビナ・パークの証言であろう。法廷で彼女はこう主張した。「自分は奴隷主のためにもう十分に働いた。これ以上、白人のために働く子どもを育てるなどという苦しみは味わいたくない」——サビナの言葉からは、「奴隷の子どもは奴隷主のもの」という当時の慣行に対する母たちの悲しみと絶望が伝わってくる。多くの奴隷の母たちが同じ思いを抱いたのではなかっただろうか。

それゆえに、そしてできれば子殺しをしないように、女性奴隷たちは、妊娠しても自らの意志で「中絶」を選びとり、子どもを自分と同じ過酷な運命から救い出そうと、主体的に行動していたのである。それは、奴隷制に対する「抵抗」にほかならない。奴隷制に内在する物理的、精神的な暴力を考えれば、「子どもの命は母親のものではない」といったわたしたちの論理を差しはさむことは適切ではないだろう。

彼女たちが中絶に使用したのは、カリブ海域に自生するオウコチョウ（黄胡蝶、英語名はピーコック・フラワー、リンネの分類に基づく学名はポインキアーナ・プルケリッマ）という植物の種子である。カリブ海域で広く中絶薬として使われていたこの植物は、ヨーロッパ諸国に「観葉植物」として輸出され、科学者たちによる治験から、解熱剤としての薬効が確認された。だが、中絶効果に関する実験はなされず、よって記録もされなかった。「一八世紀を通じて女奴隷が奴隷制に抵抗する闘争のなかで用いた、きわめて政治的な植物」

――アメリカの科学史家ロンダ・シービンガーによるオウコチョウの説明は、歴史の盲点を鋭く突く。シービンガーの著作『帝国と植物』によって広く知られるようになったこの事実は、啓蒙の時代（そしてそれ以後も）、科学がヨーロッパの男性科学者によって「操作」されてきたことを物語って余りある。

植物をラテン語の属名と種小名で表記する二名式命名法は、スウェーデンのカール・フォン・リンネ（一七〇七～一七七八）が、世界中の植物をヨーロッパ人が認知できるように考案、確立したものである。近代科学は、リンネのようなヨーロッパ人男性の基準で「知」を測り、非ヨーロッパ地域に存在した知識や情報を取捨選択した。そうした情報操作のなかで、オウコチョウを手にした（手にせざるをえなかった）女性奴隷の思いは無視されてしまった。

リンネが植物学を確立する以前に、オウコチョウの中絶効果と女性奴隷の関係に気づいた女性がいる。昆虫の変態に魅せられてオランダ領ギアナ（現スリナム）に渡ったマリア・シビラ・メリアン（一六四七～一七一七）である。一八世紀初め、五二歳で娘とともに旅したスリナムで多くの昆虫の変態を描いたメリアンは、昆虫と不可分の関係にある植物にもその鋭い観察眼を向けた。彼女は、『スリナム産昆虫変態図譜』（初版一七〇五年）のなかで、こう語っている。「オランダ人の主人からひどい扱いを受けた先住民、あるいはギニアやアンゴラから連れてこられた黒人奴隷は、現状に耐えかね、子どもの将来を悲観して、奴隷になるくらいならばと、この植物の種子を用いて中絶している。私はそれを直接彼女たちから聞いた」――。だが、メリアンのこの記述が同時代のヨーロッパの学術界で注目されることはなかった。メリアンの『スリナム産昆虫変態図譜』（一七二六年版）が日本で初めて翻訳されたのは、二〇二二年のことである。

シービンガーは、オウコチョウを例に、アグノトロジー、すなわち、「ある文化的文脈の中で抹殺された

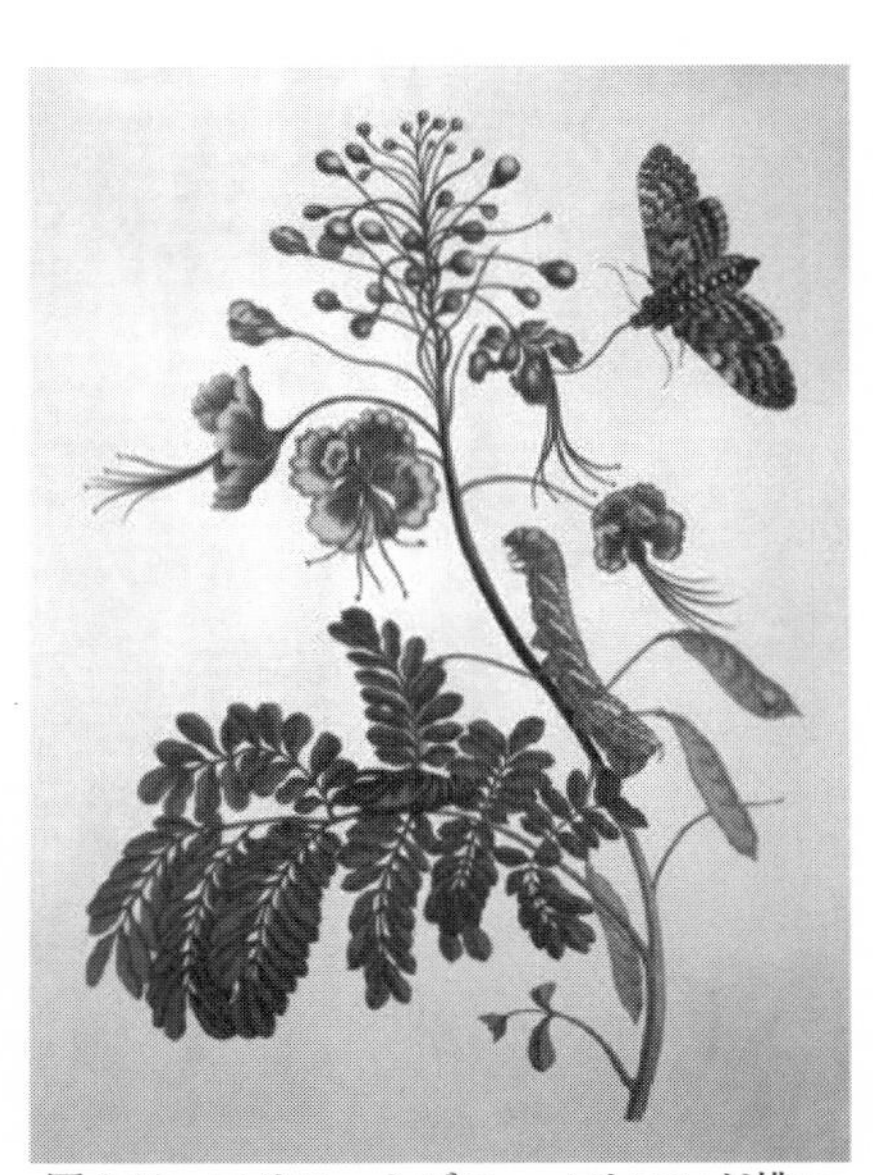

図 3-10　マリア・シビラ・メリアンが描いたオウコチョウ『スリナム産昆虫変態図譜』（1705）

知識を研究すること」にジェンダーの視点がきわめて重要であると語っている。

人口調節機能？――なぜ彼女たちは海のかなたに送られたのか

「なぜ奴隷人口は増えなかったのか」という問いの重み、そこに確かに存在する女性奴隷の主体性に焦点を合わせると、アフリカ社会におけるジェンダー認識もまた、奴隷貿易のなかに立ち現れてくる。シービンガーの助言にしたがって、もう少しジェンダー視点にこだわってみたい。

カリブ海域の農園主たちは、アフリカからやってきた女性奴隷が、出産後、離乳期間を長く置き、育児に手間をかけ、つぎの子どもを産む間隔を三年以上もあけることに気づき、それを働きたくない彼女たちの怠惰と解釈し、処罰（多くがむち打ち）の対象とした。労働力としてのみ女性奴隷を捉える植民地の農園主にとって、彼女たちのふるまいは、奴隷の再生産に非効率なふるまいにしか見えなかったのだろう。だが、彼女たちは、故郷西アフリカの習慣、自分たちの文化に従っていただけである。

出産や出産間隔をめぐる文化の問題からもう少し踏み込み、奴隷貿易自体を人口管理の問題と重ねてみよう。そのためのデータは、わたしたちの世界のネット上に大量に存在する。アメリカの大学連携による「奴隷の航海（Slave Voyages）」、あるいはロンドン大学ユニバーシティ・カレッジを中心とする「レガシー・プロジェクト」はその好例だ。データのデジタル化、だれもが学術調査研究とその成果を共有できるオープンサイエンスの賜物である。ネット上には一五世紀末以降の膨大な奴隷の売買記録が浮遊しており、いつでもどこからでも簡単にアクセスできる。これらウェッブ上にある情報や記録を重ねると、これまで見えなかった事象が見えてくる。

たとえば、カリブ海域や南北アメリカ大陸に奴隷を供給していた西アフリカ沿岸のいくつかの拠点に関する記録を、ジェンダー視点で捉え直してみよう。

通常、アフリカから大西洋上に送り出される奴隷は圧倒的に男性が多く、全体の三分の二、あるいはそれ以上を占めると考えられてきた。それは、砂糖キビ農園の肉体労働を男性領分とみなすヨーロッパ中心の労働分業認識に基づくと思われる。と同時に、アフリカ社会では、商売にせよ農業にせよ、女性に割りふられる労働は男性以上に多かった。アラブ・イスラム地域や環インド洋の奴隷貿易で女性と子どもの割合が高かったことも、大西洋上の奴隷貿易における男性比率の圧倒的な高さと関わっていたと考えられる。

ところが、デジタル化されたデータの分析から、西アフリカ沿岸部の奴隷供給拠点のうち、ひとつだけ、奴隷船に積み込まれた成人女性比率が高い地域が確認された。ギニア湾の最東端に位置するビアフラ湾周辺である（表1、図3-11）。ここだけ成人奴隷の男女比率がほぼ半々（一六六〇年代～一七一〇年代の平均割合）なのである。なぜビアフラ湾周辺だけ女性奴隷が多かったのだろうか。

この問いを解くカギは、ビアフラ湾の後背地に暮らすイボという部族（現在のナイジェリアの二割を占める

表1　南北アメリカ大陸に運ばれたアフリカ人男女、少年少女の乗船地別比率 1663-1713（括弧内はサンプル数）

	女性	男性	少女	少年
上ギニア（14,107） Upper Guinea	22.6	71.6	1.6	4.2
黄金海岸（44,769） Gold Coast	39.2	45.8	4.6	10.4
ベニン湾（85,613） Bight of Benin	34.6	53.6	3.6	8.1
ビアフラ湾（25,547） Bight of Biafra	46.2	42.2	3.8	7.9
西中央アフリカ（27,480） West-Central Africa	28.5	49.3	6.3	16.0
アフリカ合計（215,474） （上記以外の乗船地不明者を含む）	34.9	51.8	4.0	9.4

David Eltis, *The Rise of African Slavery in the Americas*, Cambridge University Press, 2000, p.104 より男女比を中心に作成（少年少女の年齢詳細は記載がない。黄金海岸以北の上ギニアとの交易はこの時期はまだ少ない）

主要部族）で当時の女性たちが置かれていた状況にある。表1が依拠するデイヴィッド・エルティスの分析によれば、一七、一八世紀のこの地域は人口密集地帯として知られており、しかもイボの女性は多産であったという。よって、ひとつの推論は、食糧不足でコミュニティが立ちいかなくなるような人口過剰状態を避けるために、子どもを産める成人女性を外へ、大西洋上に送り出したのではないか、ということだ。ビアフラ湾地域の奴隷貿易は、コミュニティ内部における人口調整機能の役割を果たしてきたのだろうか。詳細は不明ながら、少年少女の比率差、地域差も気になるが、現時点で言えることは、大西洋を渡る奴隷貿易が、男性の価値観を中心に、ヨーロッパの男性奴隷商人とアフリカの男性仲介人の「共犯関係」の上に成立していたこと、だろう。

不可視化された女性たち、子どもたちの姿を取り戻す――。たとえば、先に触れたオウコチョウ

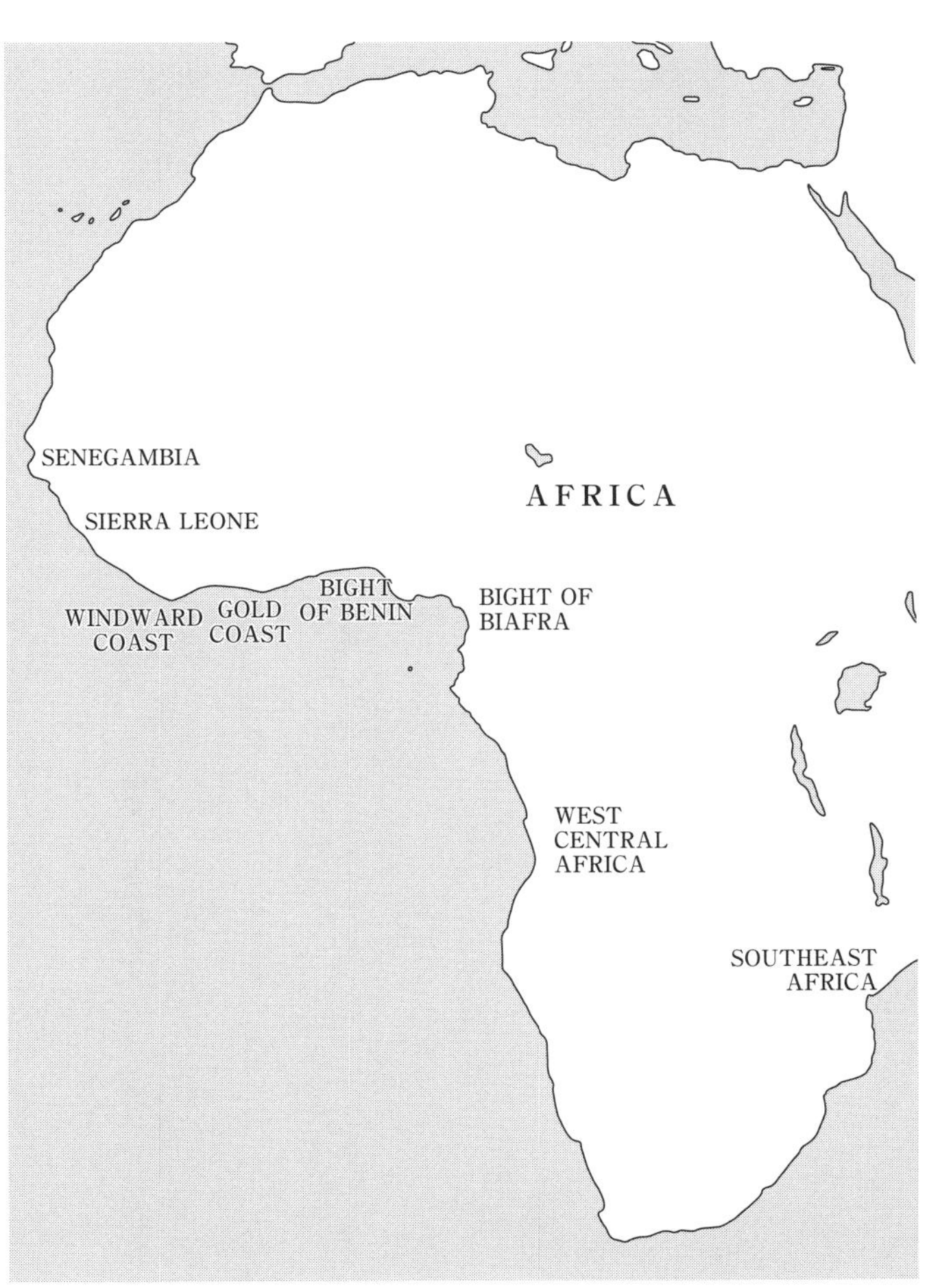

図 3-11　表 1 の時期の奴隷積出し拠点（Eltis, *Ibid*.,p.307）

の話は、江戸時代に堕胎を生業とした女医師、俗称「子堕し婆」が用いたほおずきを連想させる。江戸中期から末期にかけて（一七二一～一八四六）、日本の人口は二五〇〇万～二七〇〇〇万人ほどで安定していたが、近年の研究では、その背景に、間引きや子堕し（中絶）が担った役割が注目されている。「産む／産まない」という女性たちの選択（選択の有無を含めて）を通して時代を読めば、一八、一九世紀のカリブ海域は同時代の日本とどうつながるのだろうか。

歴史記録のデジタル化、誰もがアクセス可能なオープンサイエンスによって、奴隷貿易の実態がより多角的に捉えられるようになった今、「奴隷貿易とは何だったのか」は現在進行中の問いなのである。

第四章

外から見る／見られる

はじめに

一八世紀のヨーロッパは「啓蒙の世紀」と言われる。合理的、批判的な精神でそれまでの因襲や迷信を打破し、既存の権威を疑い抗い、新たな秩序を築こうとする文化・思想運動が、啓蒙主義の時代だと説明される。それは、ヨーロッパ、とりわけ西欧諸国が未知の世界に乗り出した時代でもあったが、彼らがめざしたのは、一五世紀末のコロンブスとは異なり、何よりも太平洋上であった。成果を競い合ったのは、イギリスとフランスの学術プロジェクトである。なかでもイギリス王立協会の依頼を受けて、ジェイムズ・クックが一七六八年から三度にわたって行った世界周航はよく知られている。

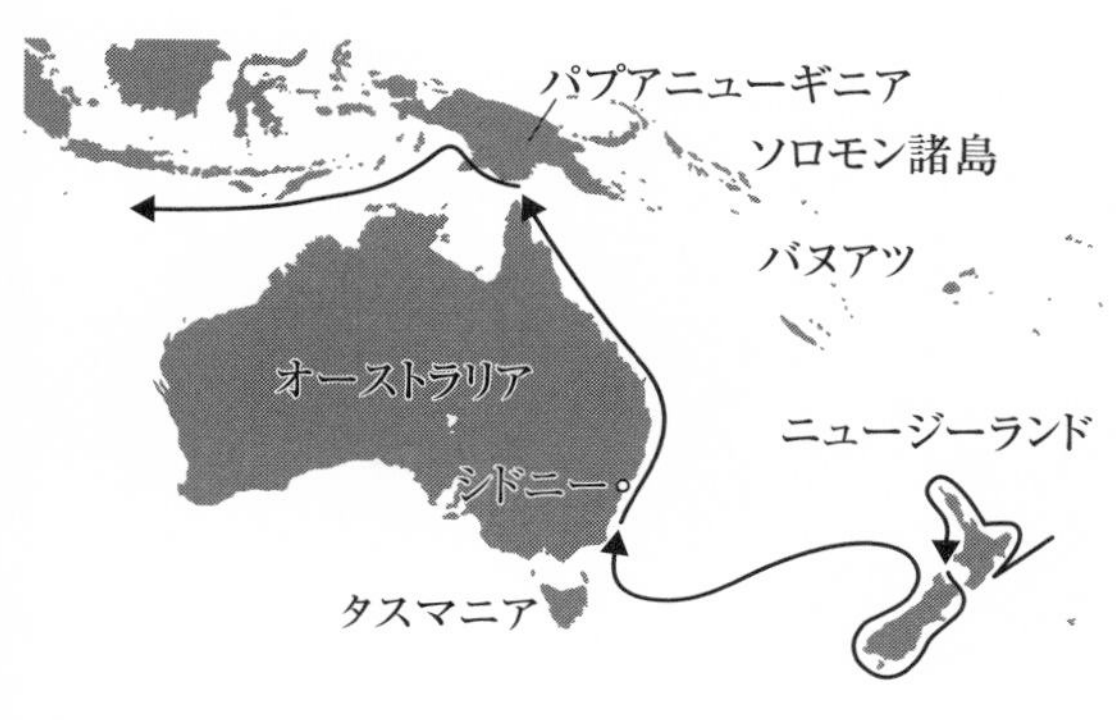

図 4-1　ジェイムズ・クック第 1 回航海（1768 ～71）

セントローレンス川河口域の探検と測量に基づいて作成した海図がジェイムズ・ウルフ将軍率いる英国軍のケベックでの戦い（一七五九）の成功につながったことで、クックは一躍注目を集めた。その後、帆船エンデバー号を率いて、王立協会の要請で金星の日面通過の観測地であるタヒチに向かった。その真のねらいは、南太平洋に伝説の南方大陸（テラ・アウストラリス）を探すことであったといわれる。ニュージーランドを探検し、北島と南島の間の海峡（クック海峡と命名）を発見したのち、オーストラリア東岸を海岸線に沿って北上して、一七七〇年四月、現在のシドニーに上陸し、周辺のイギリス領有を宣言した。ここを「ボタニー湾」と命名したのは、のちに王立キュー植物園園長となるジョゼフ・バンクスらエンデバー号に随行した植物学者である。それから二〇年足らずのちの一七八八年二月、四人七〇〇人余りを乗せた一一隻のイギリス船がこの湾に錨を下ろし、流刑地オーストラリアの歴史が始まった。

クックは第二回航海でオマイというタヒチの若者を連れ帰った。彼は、国王ジョージ三世への謁見、さらには宮廷や知識人のサークルで披露されて、大人気を集めた。航海記とともに、クックの旅の「成果」はあっというまにヨーロッパじゅうに広がり、そのなかで新たな知識や情報が共有されて、ヨーロッパでは、「啓蒙されたわたしたち」という共通の文明観が形成されていったと弓削尚子はいう。

フランス革命とその余波のなかで、人類学という新しい「科学」も芽吹いた。聖書に代わって世界を理解するための新しい物差しとして、ヨーロッパは人種という考え方を発展させていく。たとえば、六〇年にわたってゲッティンゲン大学（グリム兄弟が教鞭をとり、七教授事件で去ったあの大学）で博物学や解剖学を教えたヨハン・フリードリヒ・ブルーメンバッハ。ナチズムに影響を与えたとされる『諸人種の不平等に関する試論』（一八五三〜五五）のアルチュール・ド・ゴビノー。解剖用の死体調達と絡むスキャンダルでエディンバラ医学校を追われたロバート・ノックスは『人間の種族』（一八五〇）を執筆した。自由主義を志向し、新しい国家のあり方を模索した一九世紀のヨーロッパには、「自己」と「他者」を分ける人種主義が寄り添っていた。

そもそも、啓蒙とは蒙（暗闇）を啓くこと、野蛮、未開とヨーロッパ人が考える人たちに「光」を、すなわちヨーロッパの文明を分け与えること、を意味する。クックらの探検で拓かれていく太平洋上に未知の人びとを「発見」したヨーロッパの人たちは、彼らに自分たちの「文明の光」を当てねばと感じた。続々と結成された宣教団からは、世界各地につぎつぎと宣教師が送り出された。それぞれの現場に到着した宣教師たちは、現地の自然環境、動物や植物の様子、そこで暮らす人びとの生活を子細に観察して記録し、珍しい事物を収集して回った。帰国すると、自分が所属する宣教団への募金活動の一環として、宣教師たちは自分の見聞をヨーロッパ各地で語り、自らのコレクションを披露しながら、「野蛮の文明化」の成果を高らかに語った。彼らの知見は人種概念の精緻化に貢献した。

だが、ヨーロッパが自分たちの姿形（形質）を基準に優劣を意識して組み立てた人種主義に、全世界がすんなりと従うはずもない。それゆえに、オマイをタヒチに帰還させた第三回航海で、北太平洋を探検中のクックは、住民とのトラブルからハワイ島で命を落としたのである。この最後の旅の間じゅう、クックはどこかイライラしていたといい、通常ならば解決するはずの問題を悪化させたと伝えられる。彼は何にいらだっていたのだろうか。

同様に、「野蛮の文明化」をめざす宣教師たちが、宣教活動において何らかの行き違いで命を落とすことも数知れなかった。そのなかには、当時の宣教師にとって「はるか未来」の二一世紀、わたしたちの世界にまでくすぶり続けた出来事もある。二〇〇九年一二月、南太平洋上、現バヌアツ共和国のイロマンゴ島（エロマンガ島との日本語表記も散見される）から届いた一通の手紙に、その宣教師の子孫が困惑したのも当然であろう。それは、一七〇年前、一八三九年にこの島で起こった宣教師の死をめぐり、その子孫に赦しを乞うものであった。

一、イロマンゴ島からの手紙――宣教師殺しの呪いが解けるとき

キリスト教伝道と紅茶

反奴隷制運動が高揚した一八世紀末以降のイギリスでも、海外伝道をめざす民間団体が続々と設立され、活動を開始した。その先駆的組織であるロンドン伝道協会（一七九五年設立）は、クックによるタヒチやハワイの「発見」に触発されて、協会設立直後から太平洋上の島々への宣教活動を積極的に展開してきた。同協会の支持者は下層中産階級（事務員や店員ら）から労働者階級の上層部（主に職人層）が中心であり、宣教師の多くもこうした社会層からリクルートされた。

一八一七年、同協会が派遣する三度目の宣教団が、南太平洋上、フランス領ポリネシア西部のソシエテ諸島に到着した。「ソシエテ」は英語の「ソサエティ」で、イギリス王立協会（ロイヤル・ソサエティ）にちなむクックの命名である。特にタヒチ島の存在は、クック、あるいはフランスのブーガンヴィルの探検で広く知られ、一八一五年にタヒチを統一したポマレ二世自らがキリスト教に改宗したことからも、この地域での布教は大きく進みつつあった。

このとき派遣された宣教団のなかに、ジョン・ウィリアムズ（一七九六～一八三九）という二〇歳の若い宣教師と新婚の妻メアリがいた。ウィリアムズ夫妻は、タヒチ島の北西、「聖なる島」として知られるライアテア島を拠点に、改宗タヒチ人の助けを借りながら、ポリネシアの島々を布教して回った。宣教師になる以前に見習い大工であったウィリアムズは、その腕を各島の建物や道路づくりに生かし、島民から信頼を集

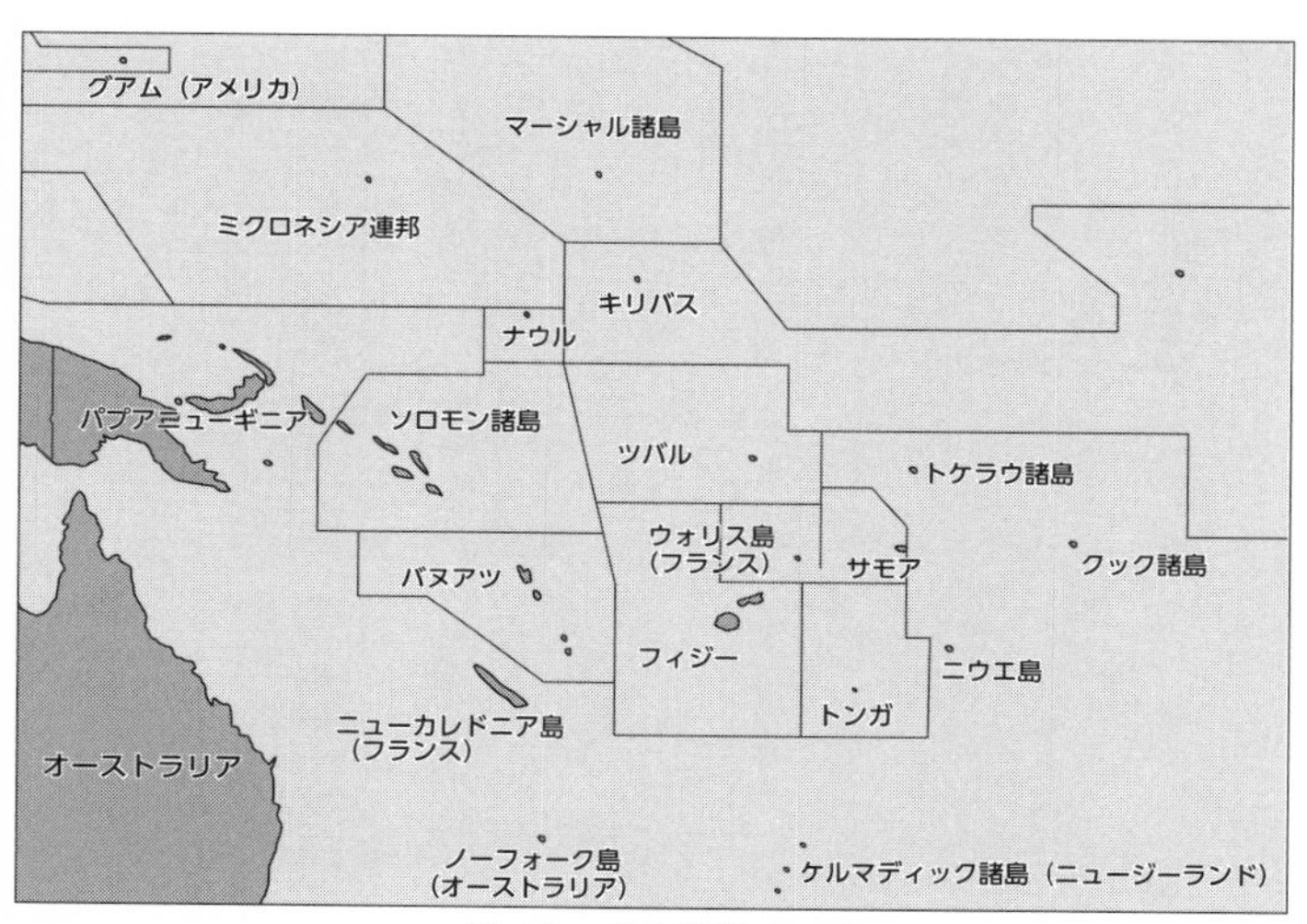

図 4-2　南太平洋上の島々

めたという。島々を回る舟も彼の手製だった。一八二一年ごろ、ソシエテ諸島の西、クック諸島のラロトンガ島、アイツタキ島へと布教活動を広げたウィリアムズは、一八三〇年にはそのさらに西、サモアへとくり出した。その間、夫妻の間には一一人の子どもが生まれたが、成人したのは三人のみ。ウィリアムズ一家は、布教活動に家族の運命を捧げたといえるかもしれない。

布教にあたって現地の言葉を学んだウィリアムズは、習俗や儀礼に関する民族誌、『南海諸島における宣教事業の物語』（一八三七）を残している。一八年間に一万マイルを超えた布教の旅の回想録である同書は、文化人類学的書誌として、一九世紀末までに何度も版を重ね、ポリネシア伝道のバイブル的存在と目された。

もっとも、『大英帝国は大食らい』の著者リジー・コリンガムが目を留めたのは、彼のこの本ではなく、ライアテア島にロンドン伝道協会の本部代表を迎えるイベントでウィリアムズが語った次の言葉である。

紅茶を飲めば、砂糖が欲しくなる。ティーカップが欲しくなる。テーブルが欲しくなる。…そして座る椅子が欲しくなる。したがって、辺境の宣教所にヨーロッパの習慣がごく短い期間で十分浸透することが期待できる。

（リジー・コリンガム『大英帝国は大食らい』二七一〜二七二頁）

ジョン・ウィリアムズはこのとき、オーストラリアから砂糖精製とタバコ栽培の技術を指導する若者を連れ帰っていた。コリンガムはウィリアムズの意図をこう分析する。

甘みと煙に対する欲求がイギリスの労働者階級の間で勤勉さを奨励したように、こうしたちょっとした贅沢に対する思考を身に着けることで島民たちが嗜好品を買う金を稼ぐためにまじめに働くようになるのではと期待したのだ。…ウィリアムズは、島民たちを資本主義経済へと引き込むエサとして、紅茶を使った。

（同、二七一頁）

図 4-3　バヌアツ共和国の島々

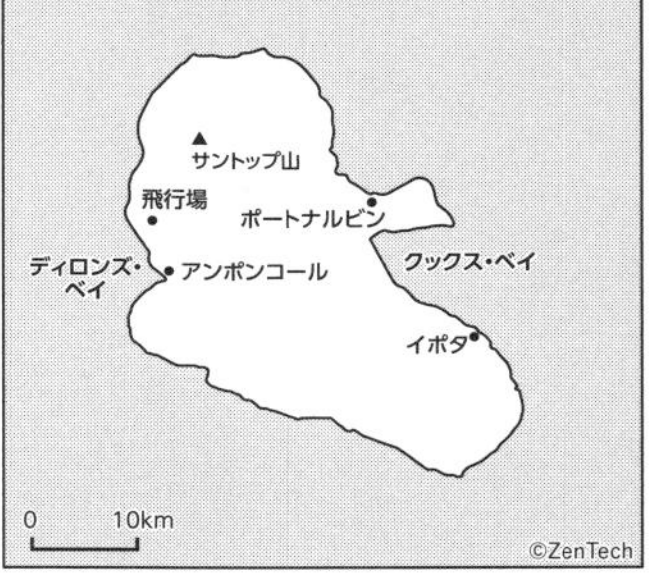

図 4-4　イロマンゴ島拡大図

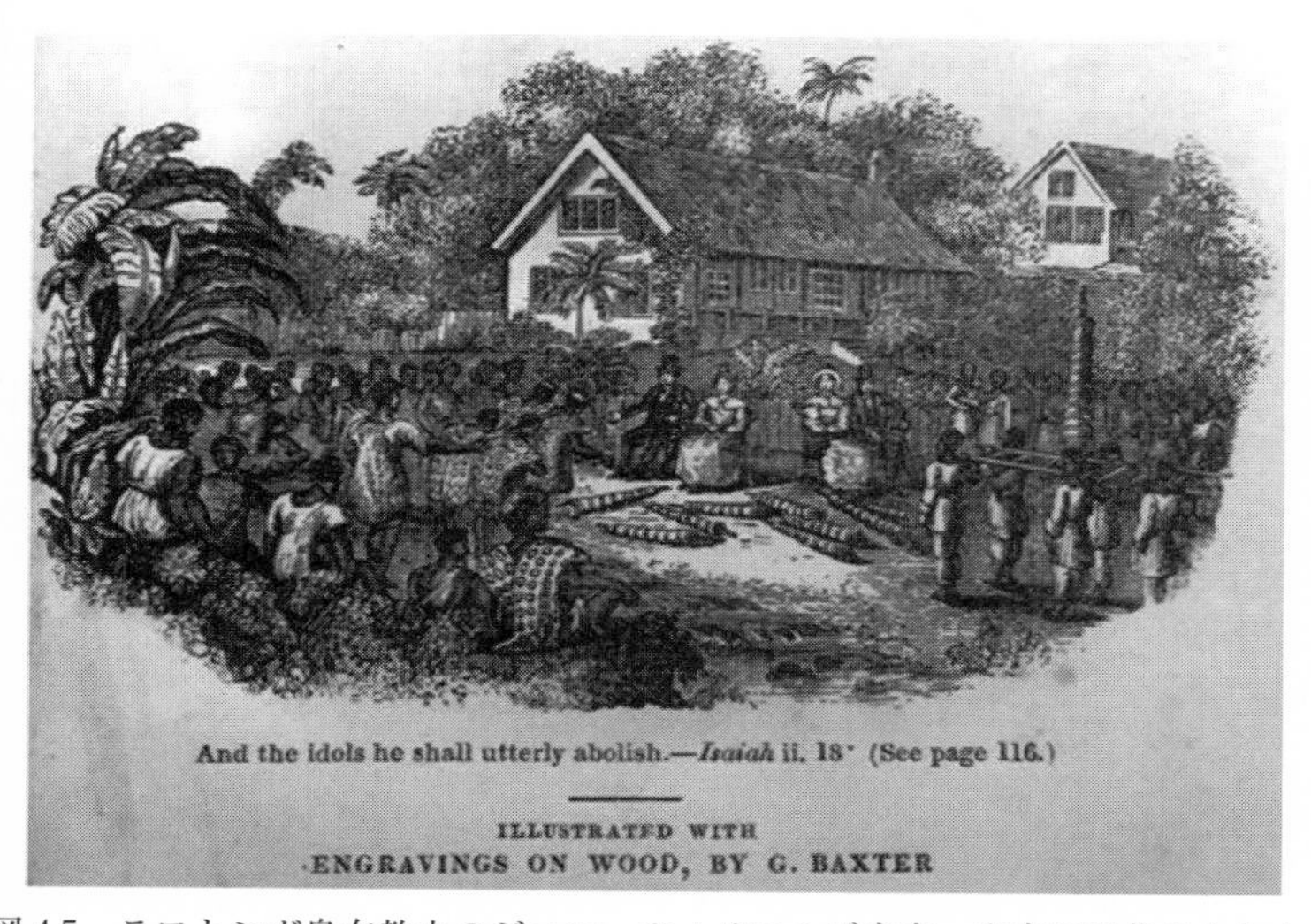

図4-5　ラロトンガ島布教中のジョン・ウィリアムズ夫妻。中央には集められたタンガロアが見える（John Williams, *A Narrative of Missionary Enterprises*,1837 扉より）

実際、ウィリアムズは、キリスト教の普及により、ラロトンガ島民の「神」であったタンガロア（図4-5）を取り上げ、紅茶の普及を通じて「野蛮の文明化」を、言い換えれば「嗜好の植民地化」を推し進めていく。一八三四年、イギリスに帰国したウィリアムズは、持ち帰ったタンガロアとともにイギリス各地を講演して回り、ロンドン伝道協会の資金集めに一役も二役も買った。

人食いの島——宣教師ウィリアムズの悲劇

『南海諸島における宣教事業の物語』出版の翌一八三八年、ウィリアムズは、海軍の蒸気船カムデン号に乗りこみ、再び南太平洋をめざした。今度の目的地は、一八年間慣れ親しんだポリネシアからさらに西、太平洋上でキリスト教の布教が最も遅れていたメラネシアであった。フランスの海軍提督ジュール・デュモン・デュルヴィルが「ポリネシア、メラネシア、ミクロネシア」という用語を使いはじめたのは一八三二年とされるが、ウィリアムズ自身は三つの地域の違いを明確に意識していたわけではないだろう。

一八三九年秋、ウィリアムズは、ソロモン諸島の南、ニューヘブディーズ諸島（現在のバヌアツ共和国、図4-3参照）の南部、タンナ島で、いつものように親しみ深い歓迎をうけたのち、そのすぐ北にある島に向かった。それがイロマンゴ島（図4-4）である。この島にジェイムズ・クックが上陸したのは一七七四年。その後、まずは彼の名を冠した東海岸の湾にヨーロッパの船が出没するようになった。ウィリアムズは、この湾ではなく、島の北西岸のディロンズ・ベイでカムデン号を下り、同行の宣教師ジェイムズ・ハリスとともにボートに乗り換えて、島に接近、上陸した。一八三九年一一月二〇日のことであった。

図4-6　ジョージ・バクスター「ジョン・ウィリアムズ、南海のタンナ島に戻る。虐殺前」(1841)

だが、二人は、上陸まもなく島民に襲われる。急ぎボートに戻ろうとするも追いつかれ、ハリスは棍棒で撲殺され、ウィリアムズも波打ち際で島民に捕まり、棍棒と弓矢で殺害された。

沖合に停泊していたカムデン号船長らの目撃談がイギリスに伝えられたのは、事件から半年近く後の一八四〇年四月で

図 4-7　ジョージ・バクスター「ジョン・ウィリアムズの死」(1841)

あった。二人の死に衝撃を受けたウィリアムズの友人、ジョージ・バクスターは、タンナ島での穏やかな受入れ（図4-6）とイロマンゴ島での惨殺の様子（図4-7）を対照的な絵画として制作し、画家としての地歩を固めた。一八四一年二月、イロマンゴ島を訪れたイギリス船の船長が二人のその後を尋ねると、島民は「殺して食べた」と答えたという。

「カリブ人」に由来するスペイン語の「カニバル」から派生したカニバリズム、すなわち「人食い」の習慣は、その真偽はともかくも、「文明」とは真逆の「野蛮」に位置づけられ、ヨーロッパによる文明化、すなわち植民地化の口実ともなった。以後、イロマンゴ島は「食人の島」として語り継がれていくことになる。

島民と二人の宣教師の間でいったい何があったのだろうか。

嗜好品は招く

実は、二人の宣教師の死には、ウィリアムズが伝道に使った紅茶とは異なる、もうひとつの嗜好品が関わっている。中国で好まれた香木の白檀（ビャクダン）である。ビャクダンは、イギリス側が常に支払い超過状態にあった中国との貿易において、中国から輸入する茶や陶磁器との交換可能な商品として注目を集めていた。

クックによって発見されたイロマンゴ島では、島の東部にビャクダンの群生が確認され、伐採されて、やがて取りつくされていった。その後、アイルランド商人で冒険家のピーター・ディロンが、行方不明のフランス探検家ラ・ペルーズを探索中の一八二五年、この島の西部にビャクダンの群生地を発見した。ディロンの名は、ウィリアムズ宣教師が上陸を試み、惨殺された湾の名に刻まれている。

それ以後、ビャクダンの伐採をめぐって、ヨーロッパ商人と島民の間には頻繁にトラブルが発生している。一八三九年一一月、二人の宣教師が上陸するわずか数日前にも、ビャクダンの取引にやってきたヨーロッパ商人が、この島の首長の娘を連れ去ろうとする事件が起きており、これがウィリアムズらの悲劇を招いたと推測される。

ビャクダンと紅茶という二つの嗜好品。その狭間で起こった「宣教師殺し」。ロンドン伝道協会はウィリアムズとハリスを殉教者として記録し、イロマンゴ島を彼らを殺して食べた「カニバリズムの島」と記憶してきた。

いや、この島の人びとの多くも、「宣教師殺し」で島は呪われたと考えてきたと、バヌアツの人類学者ラルフ・ルーゲンバヌは語る。だから島の人びとは、二人の宣教師の子孫に赦しを乞う手紙を書いたのだと――。それは、事件から一七〇年後のことであった。

呪いを解く？

二〇〇九年一二月、イギリスのテレビ局BBCは、イロマンゴ島の島民がジョン・ウィリアムズとジェイムズ・ハリスの子孫一六名を招き、正式な謝罪と和解の儀式をとり行った、と報じた。儀式ではまず、バクスターのあの絵画に描かれたように、二人の宣教師が島民に殺される様子（図4-7）がリアルに再現されたのち、島民たちが跪いて宣教師の子孫らに殺害を謝罪した。儀式の一部はYouTubeにアップされており、今なお見ることができる。この「謝罪と和解」は、イロマンゴ島に留まらず、バヌアツ共和国の出来事として喧伝されて、その一部始終が放映、ネット配信されるとともに、『もはや過去の囚われ人にあらず』（二〇一三）という記録集も出版された。どの媒体でも、一七〇年目の儀式によって「宣教師を殺して食べたことでこの島にかけられていた呪いが解かれた」と強調された。

ここでいう「イロマンゴ島にかけられていた呪い」とは何なのか。

それは何よりも、この島の人口激減であり、それに伴う島の全般的衰退のことである。正確な統計データは残されていないが、一八世紀末に一万人以上いたとされる島の人口は、一九世紀半ば以降、急速に減少していき、現在は二〇〇〇人にも満たない。ビャクダンで知られる別の島、イロマンゴ島より小さなアナトム島（アネイチュム島）でも、一八二〇年からの百年間で、人口は三六〇〇人から二〇〇人にまで激減したとされている。おそらく、両島ともに、ビャクダン伐採にやってきたヨーロッパ人との接触を通じて、島民に免疫のない天然痘やはしかなどの疫病が蔓延したことが主因だと思われる。ビャクダンを伐採し尽くすと、ヨーロッパ商人らの目は島民に向けられ、多くが農園の労働力として島外に売られた。二〇世紀初頭、この島の人口は四〇〇人ほどに落ち込んだという。

しかしながら、イロマンゴ島の島民自身は、人口激減の原因を「宣教師殺しの呪い」と捉えてきたらしい。特に、ウィリアムズとハリスが殺害されたディロンズ・ベイ周辺の人びとはそう信じていると、調査に当たった文化人類学者は分析している。この「呪い」ゆえに、イロマンゴ島は発展できなかったのであり、よって、まずは「呪い」を解く必要がある――これが二〇〇九年、謝罪と和解の儀式を組織した「イロマンゴ文化協会」の目的であり、過去との和解がこの島の未来には必要なのだと、同協会会長でバヌアツ文化センター所長、かつ国会議員でもあるルーゲンバヌはBBCとのインタビューで語っている。

一方、この島で聞き取りを行った大津留香織によれば、島南部の島民は、島の人口激減を宣教師の死とは結びつけておらず、二人の宣教師の死を、太平洋の諸島の多くで嗜好品として知られるカヴァを使った呪術によるものだとみなしているという。

イロマンゴ島があるバヌアツ共和国は、今なお百を超える言語が話され、その系統はばらばらで、慣習も多様で複雑であり、同じ島の内部でも相互理解が難しいと聞く。一九世紀に始まったキリスト教の伝道活動についても、ある島での成功が他の島の布教に直結したポリネシアとは異なり、先鋒を務めたポリネシア人の宣教師さえ受け入れなかったそうだ。イロマンゴ島周辺でも、島ごとにキリスト教の宗派も組織も異なっており、伝道が個別ばらばらに行われた歴史を示している。現在、バヌアツ共和国のキリスト教人口は全体の九割を占めており、今回の儀礼は、その最大勢力であるプレスビテリアン（カナダからの宣教師による長老派）を中心に進められた。

謝罪と和解に向けて

それにしても、「宣教師殺し」の記憶を一七〇年後に思い出す意味はどこにあるのだろうか。「宣教師殺し」という記憶に対して、「被害者」である宣教師の子孫と「加害者」の島民の子孫との間に成立する、一七〇年目の「謝罪と和解」とはいったい何なのだろうか。そもそも、一七〇年後の謝罪と和解の「当事者」とは誰なのか。

二〇〇九年の儀礼を進めた先述のラルフ・ルーゲンバヌによると、イロマンゴ島の「謝罪と和解」の儀式は「交換」のうえに成立しているという。具体的には、宣教師ウィリアムズの子孫たちは、島民の「謝罪」と「交換」に、この島の七歳の少女の教育を引き受けることで、「和解」に合意したことになるという。その場合、二人の宣教師の子孫はさておき、島そのものが「当事者意識」を引き受けていることになる。すなわち、儀礼は、被害と加害の関係性を捉え直し、双方に謝罪と和解の「当事者」としての関わりを求める試みなのだ。そこに、二人の宣教師の死以降、産業発展から取り残されたこの島の人びとの「起死回生」の願いが込められているのだろう。メディア報道からすると、「負の歴史」を一七〇年後の世界によみがえらせたインパクトは、確かに強烈であった。

もう一つ、注目したいのは、一八二二年にウィリアムズ宣教師が口にした「紅茶を飲めば…」という「嗜好の植民地化」に、ビャクダンやカヴァというこの島の嗜好品が絡んでいることである。嗜好は個人の問題ととられがちだが、実は社会や地域、あるいは「国民」の形成やそれへの抵抗とも関わっている。アメリカ独立戦争時のボストン茶会事件（一七七三）、アヘン戦争につながった林則徐のアヘン投棄（一八三九）は有名だろう。では、イギリスの紅茶文化に、イロマンゴ島北部のビャクダン、島南部のカヴァを加えると、さて、どんな世界史が見えてくるだろうか。

図 4-8　文久遣欧使節。左から２人目が正使の竹内下野守保徳

二、いざ、万博へ！

キレるイギリス大使館員

日本人は「時間厳守の国民」と思われており、そう自覚している人も多いだろう。だが、幕末から明治にかけて来日した外交関係者やお雇い外国人の日誌や日記を読むと、「時間にだらしない日本人」への憤りの言葉にぶつかり、時にびっくりさせられる。一八六二年（文久元）、江戸幕府がヨーロッパに派遣した文久遣欧使節団（竹内使節団）の場合はこうだった。時代は歴史教科書でおなじみの岩倉遣欧使節団（一八七一～七三）の一〇年前である。

使節団は、勘定奉行兼外国奉行の竹内下野守保徳を正使に、総勢三六名（のちに二名加わる）。彼らの見聞録としては、使節団副使を務めた松平石見守康直の従者だった市川清流（渡）の『尾蠅（びよう）欧行漫録』や、翻訳方（通訳、正確には御傭通詞）の福沢諭吉の『西航手帳』『西航録』

などが有名である。使節団の研究書としては、宮永孝『幕末遣欧使節団』や松村昌家『幕末維新使節団のイギリス往還記』などが詳しい。

文久遣欧使節団のミッションは、欧米諸国との通商修好条約（一八五八年、アメリカ、イギリス、フランス、オランダ、ロシアと締結。その後プロイセンとも締結）で約束した江戸と大坂の開市、兵庫（神戸）と新潟の開港、の延期交渉にあった。条約締結国の駐日公使のうち、延期提案に合意したのはアメリカ公使タウンゼント・ハリスだけで、あとは「本国との相談が必要」と即決を避けたからである。ここで、「延期するならそれなりの礼を尽くすべし」と、ヨーロッパ諸国歴訪を助言したのは、初代駐日イギリス公使のラザフォード・オールコック（一八〇九～九七）であった。オールコックは往路の支援（復路支援はフランス）とともに、一八六二年五月一日に予定されているロンドン万国博覧会の開会式典参加も手配した。

かくして、伊達政宗の命を受けた支倉常長率いる慶長遣欧使節（一六一三～二〇）以来、約二五〇年ぶりに日本からヨーロッパへの使節派遣が実現する運びとなった。欧米中心で拓かれた「近代世界」へのデビューとなる出来事に、徳川幕府が万全の体制で臨んだことは想像に難くない。遅刻など絶対に許されない。

ところが、である。江戸、品川沖に停泊するイギリス海軍の蒸気フリゲート艦、三本マストのオーディン号の出航時刻になっても、持参するはずの荷物は一部届かず、遅刻する通訳もいた。船頭一人で漕ぐ速度の遅い舟に乗ったこともあり、昼過ぎに波止場を出たのにオーディン号にたどり着いたのは夕刻という者もいた。当日のみならず、準備段階でいくつもの遅れが重なった結果、全体のスケジュールは三週間も遅れたのである。

これにキレたのが、随行するイギリス公使館員で、オールコック公使のもとで通訳兼一等補佐官を務めるジョン・マクドナルドであった。使節団派遣が決まってから、イギリス滞在期間を含め、ずっとこの使節団に付き添ってきたマクドナルドは、後年、イギリスの総合雑誌『コーンヒル・マガジン』に当時のいらだちをつぎのように綴っている。

…日本人は上下を問わず時間の価値についての観念とはおよそ無縁のありさまであった。彼らのなかの誰かと約束をしたとしよう。約束の時間に半時間、あるいは一時間もおくれることを、何とも思わないのである。…彼らにおける時間の観念のなさほど、イギリス人にとってやりきれないものはない。…サー・ラザフォード・オールコックと日本の幕府との間の取り決めでは、使節団は一月一日にヨーロッパへ向けて出発することになっていた。それが二一日、というよりは二二日の朝までのびてしまったのである。にもかかわらず、彼らは早く早くとせき立てられる運命を嘆くのであった。

（ジョン・マクドナルド「エドからロンドンへ　日本使節団随行記」『コーンヒル・マガジン』一八六三年五月号。訳は松村昌家『幕末維新使節団のイギリス往還記』一八頁）

江戸の時間感覚

日本のサムライたちはそんなに時間にルーズだったのか。

いや、そうではないだろう。日本には日本の時間感覚があり、約束の守り方があったことは容易に想像できるからだ。たとえば、忠臣蔵として知られる浅野内匠頭の家臣らの仇討ちは、時間厳守でなければ実現できなかっただろう。元禄一五年一二月一四日、いや正確には日付が変わって一五日未明（西暦では一七〇三年一月三〇日～三一日）、大石内蔵助ら赤穂義士四七人の討入り前後の行動は、専門家らによって時間刻みで分析されている。吉良上野介邸への討入り時刻は鐘七ツ、寅の刻（午前四時頃）であり、引き上げは鐘六ツの卯の刻（午前六時頃）が有力だという。細かいところでは、吉良邸の隣の豆腐屋が討入りの第一報を午前五時（七ツ半）頃上杉家に伝えたなど、現代の時刻への読み替えは難しいものの、史料に基づく詳細は好事家の間でも論議を呼んでいる。

赤穂義士らに時刻を知らせたのは、江戸に数多ある鐘の音である。当時は主として三つ、「城の鐘」「寺の鐘」「町の鐘」という時鐘があり、江戸はもちろん、それ以外の城下町、あるいは農村も、時刻を知らせる鐘の音にあふれていた。

「城の鐘」は、場内の和時計を使って城門の開閉、登城や政務時刻などを関係者に知らせるもので、時代劇に頻出する江戸城や江戸の大名屋敷、はたまた各藩の城下にも、時を知らせる太鼓は鳴り響いた。「寺の鐘（梵鐘）」は、仏事や勤行のために寺院で鳴らしていた鐘で、全国的な檀家制度の確立とともに定着したとされる。農村でも共同作業の集合時間は「寺の鐘」が教えた。さらには、江戸や城下の時報として、「一刻一回」鳴らされる「町の鐘」があった。これに従って、商人は店を営業し、取引を行った。

寺子屋や貸本屋の数から算出される江戸時代の日本人の識字率が、欧米諸国に比べて非常に高かったことはよく知られている。当時の商人や職人、農民らは、子どもが生まれると、その日付のみならず、時刻も記録していたという。「近代化」の象徴としては「産業革命」や労働時間の管理が引き合いに出されることが多いが、角山榮の『時計の社会史』が明らかにしたように、産業革命発祥の地とされるイギリス以上に、江戸時代の日本人は、上記時鐘システムのなかで時間感覚が研ぎ澄まされていたのである。

江戸時代は時刻を伝える音に満ちた時代であった。ここに、明治日本で鉄道が時刻通りに走れた秘密のひとつがある、と語るのは、三戸祐子の『定刻発車』である。この本の面白さは、副題に謳われた「日本の鉄道はなぜ世界で最も正確なのか」という問いにあり、それは鉄道の導入と普及、時刻表の作成によって突然生まれたものではないとして、答えを鉄道導入以前の社会に求め、問いそのものを以下のように深く掘り下げていることにある。

どうして明治の日本では、大きな技術のギャップがあったにもかかわらず、すぐに列車は元気に走りだし、さらには日本の近代化を牽引する力にまでなったのだろうか。…長い長い徒歩の時代に生きていた日本の人々は、どうして大量の物資や人を移動させることによって国の繁栄を築くという鉄道の時代の新しい発想についてゆくことができたのだろうか？

（三戸祐子『定刻発車』四一頁）

鉄道が定刻通りに運航するには、線路と駅と時刻表があればいいわけではない。そこでは、鉄道という新技術についていくための「形なき約束事」がたくさん求められる。その多くを明治の日本がクリアできたのは、人びとが「世界でも珍しいほど時刻を気にし、これまた世界でも珍しいほどによく移動した」（同、七一頁）からである。「決められた時刻に集まる」ことは、基本中の基本であったはずだ。

ならば文久使節団の世話係、ジョン・マクドナルドをいらだたせた「時間の観念のなさ」とは何だろうか。

時刻の計測と時計の間

それは、江戸時代の時刻の測り方にあったと思われる。二四時間は十二支で表現され、二時間＝一刻（いっとき）、ここに「上刻・下刻」を入れると計測単位は一時間となる。一日は、日の出から日の入りまでの「昼」と、日の入りから日の出までの「夜」に分けられ、それぞれを六等分した長さが一刻となる。日の出は明け六ツ、日の入りは暮れ六ツなのだが、当然、夏と冬ではそれぞれの時刻はずれ、昼と夜の一刻の長さも違ってくる。夏は（現在時刻で）午後七時を過ぎても日は落ちずに明るいし、冬は午後五時前に暗くなる。当然、明け六ツから暮れ六ツまでの間隔は、夏は長く、冬は短くなる。この「不定時法」のなかで育まれた時間感覚が、一日すなわち二四時間を平等に刻む機械時計で動くイギリス公使館員をいらだたせたと思われる。

もっとも、ヨーロッパの機械時計そのものは、イエズス会の宣教師によって一六世紀後半の日本に伝わっていた。フランシスコ・ザビエルが山口の大名、大内義隆に贈った時計（一五五一）も、ルイス・フロイスが織田信長に贈った目覚まし時計（一五六九）も、九州のキリシタン大名がローマに派遣した四人の少年（天正遣欧使節）から豊臣秀吉に贈られた機械時計（一五九一）も、いずれも一日を二四等分した時間、すなわち「ヨーロッパの時間」を刻むことが可能であった。江戸時代には、これら西洋時計を模倣して、不定時法による「日本の時間」を刻むための工夫や改良が施された「和時計」が発達した。

言い換えれば、近世ヨーロッパの機械時計によっては、「ヨーロッパの時間感覚」は伝わらなかったことになる。江戸時代、「ヨーロッパへの窓」となった長崎の出島には、オランダ交易を通じて多くのヨーロッパ製の機械時計が入ってきたが、それは日本の時間認識を変えたわけではなかった。

この状況を劇的に変えたのが、一九世紀半ば以降の東アジアへのヨーロッパ諸国の進出、なかんずくイギリスの覇権であった。機械時計の受容に関する一七世紀と一九世紀の違いについて、ゼバスティアン・コンラートの『グローバルヒストリー』は、こんな刺激的な指摘をしている。

オランダ人によって展開され、日本人によって注意深く管理された一七世紀のまばらな貿易契約は、英国の覇権の下にある帝国主義的な世界秩序に置き換えられた。こうして文脈が変化すると、文化の輸入はもはやローカルな世界観に組み入れられることはなく、日常的実践を根本から変化させる力をもった。（ゼバスティアン・コンラート『グローバルヒストリー』六八頁）

和時計の発達は、アジアにおけるオランダとイギリスの立ち位置の違いを反映していた。地域交易ネットワークのなかで展開された一七世紀のオランダと、海軍力と資本主義を駆使しながらアジアを植民地化していく一九世紀のイギリス帝国。駐日イギリス公使館員ジョン・マクドナルドのいらだちは、文字通り、「近代」という時代の一つのかたちにほかならない。

一八六二年、ロンドン大博覧会

三週間の遅れを取り戻そうとするマクドナルドに追い立てられて（だろう）、品川を立った文久遣欧使節団は、長崎以降、当時のイギリス植民地――香港、シンガポール、ガル（セイロン、現スリランカ）、イエメン（現アデン）に寄港し、紅海に進んでスエズで鉄道に乗り換えた。一八五九年着工のスエズ運河は当時まだ建設中で、一〇年ほど後の一八七三年、岩倉使節団はスエズ運河を通って日本へと帰国することになる。

スエズから陸路、カイロ、アレクサンドリアへ向かった一行は、そこでイギリスの兵員輸送船ヒマラヤ号に乗船して地中海にくり出し、英領マルタを経て、一八六二年四月三日、フランス南部のマルセイユに上陸した。出発の遅れはなんとか取り戻せたようである。三週間ほどフランスに滞在し、ナポレオン三世にも謁見したが、フランス政府との開市、開港の延期交渉は進まず、使節団はイギリス政府との交渉に望みをかけ、ドーヴァー海峡を渡った。四月三〇日にロンドンに到着した使節団一行は、翌五月一日、無事にロンドン万博（正式名称は大博覧会 Great Exhibition）の開会式典に姿を見せた。ちょんまげに着物姿で式典に臨むサムライたちを、当時のイギリスの人気雑誌『絵入りロンドンニューズ』はイラスト入りで伝えている。同じく中産階級に愛読された絵入り雑誌『パンチ』は、第二回ロンドン万博開会式の「目玉」である「絵画回廊（ピクチャー・ギャラリー）」に向かう仰々しい行列を見開きで伝えるイラストに、彼らの姿を大きく描いた。

駐日英国公使が手配した一八六二年の万博は、本来一八六一年に開催予定であったが、フランスとオーストリアの戦争のために一年延期を余儀なくされた。ロンドンで開催される二回目の博覧会であり、第一回同様、「大博覧会」と銘打たれていた。その後「万国博覧会」（万博）という名称が一般化していく流れについては後述しよう。

「世界初の万博」に位置づけられる第一回ロンドン大博覧会は、一八五一年五月一日、ロンドンのハイドパークに建てられた鉄とガラスの巨大建築、クリスタルパレスを会場に、一四一日間に渡って行われ、欧米を中心に三四か国、一万四〇〇〇点余りの出展者、六〇〇〇万人を超える来場者を集めて大成功を収めた。その余剰金でロンドンのサウスケンジントンに土地を買い、博物館群が建設された。その一角、現在の自然史博物館あたりが第二回ロンドン万博の会場である。

第一回大博覧会の総裁を務めたヴィクトリア女王の夫君アルバート殿下は、この国際的イベントの意義をつぎのように語っている。産業発展の結果、世界は小さくなった。地球全体の距離も、各国・各地域間の距離感も縮まり、あらゆるものが大変な速度で変化している。これまでの進歩の姿を捉え直して新たなる出発点を見出し、そこからさらに未来に向けて努力を続けるための一コマとしたい——。こうして、一九世紀半ばに進行中の「グローバル化」の真っただ中で、「その先」を考えるイベントとして国際博覧会が構想され、実行されたのであった。

この理念ゆえにであろうか、第一回ロンドン万博では、産業と技術の進歩が前面に出されたことで、芸術性、装飾性、意匠性などの視点が欠けていた。この点は四年後、一八五五年開催のパリ万博で大きく改善されたが、それが英仏のライバル合戦を煽り、一八六二年のロンドン万博でも芸術性が強く意識され、先に見た開会式直後の一大イベント、出席者が列を成して向かう「絵画回廊」となった。と同時に、このとき、イギリス産業界は、フランスに（どうしても）見劣りする装飾性や意匠性、デザインのヒントを渇望していた。

図 4-9　1862 年ロンドン万博会場の使節団
（『絵入りロンドンニューズ』1862.5.24）

さて、一八六二年の一大イベントの実体験から、「エキシビション（exhibition）」という英語に初めて「博覧会」という訳語を当てたのは、福沢諭吉である。自らの肌感覚から、福沢は、『西洋事情』（一八六六）のなかでこの訳語をつぎのように説明している。「西洋ノ大都会ニハ数年毎ニ産物ノ大会ヲ設ケ世界中ニ布告シテ各々其国ノ名産便利ノ器械、古物奇品ヲ集メ万国ノ人ニ示スコトアリ之ヲ博覧会ト称ス」。

実は、駐日公使オールコックは、一八六二年の博覧会に「日本産品の出展」を何度も勧めたが、江戸幕府は乗り気ではなかった。「博覧会」なる場も、その意味も機能も、知らなかったことが一因である。福沢ら使節団は、このときの会場で初めて、「博覧会」

がどのような場であるかを知ったのだった。日本産品の初出展は、このつぎ、一八六七年のパリ万博においてであるが、絵入り雑誌にあるように、日本が初参加となった一八六二年のロンドン万博では、使節団のサムライこそが「見られる日本」であった（図4-9）。

だが、実は、「見られる日本」はサムライだけではなかった。

見られる日本――オールコック・コレクションの功罪

すでに紹介したように、この大博覧会への参加は、駐日イギリス公使ラザフォード・オークコックの計らいで実現したものである。オールコック自身も賜暇でイギリスに一時帰国し、使節団に託された「開市・開港の延期交渉」に立ち会い、いくつかの条件付きながらも、向こう五年間の延期（すなわち一八六八年一月一日の開市と開港）の合意を成立させた。

オールコックは、横浜、長崎、函館が開港した一八五九年六月に日本に着任し、翌年一二月に初代駐日公使となった。着任から上記一八六二年に賜暇で渡英するまでの約三年間、彼がつぶさに観察した幕末日本の記録『大君の都』は、変わりゆく日本を伝える貴重な史料である。文久使節団派遣の立役者である彼の苦労は、同書第三七章の終わりから第三九章に詳しく綴られている。

先にも触れたように、ロンドンの外務省から万博開催通知を受け取ったオールコックは、幕府にも参加を、つまり日本の物産の出展を呼びかけた。とはいえ、尊王攘夷運動に揺れた当時の日本を思えば、参加は不可能に近かった。一八六一年七月にはイギリス公使館（高輪・東禅寺）襲撃事件が起こり、オールコックのもとで一等書記官を務めるローレンス・オリファントが重傷を負い、帰国をよぎなくされた。使節団がイ

図 4-10　1862 年ロンドン万博の JAPAN コーナー
（『絵入りロンドンニューズ』1862.9.20）

ギリス滞在中の一八六二年五月にもイギリス公使館が再び襲撃され、同年九月には生麦事件が起こっている。翌一八六三年一月には、オールコックのデザインに基づいて再建中だったイギリス公使館が、高杉晋作らによって焼き討ちされた。その報復として薩英戦争が起こるのは同年八月のことである。徳川幕府の権威の衰えは明らかながらも、その先がまだ見えない混乱の日本にあって、ロンドン万博への出品など叶うはずもなかった。この絶望的な状況のなか、オールコックは、「博覧会」の意味さえ知らない日本を、半ば強引にこの欧米のイベントに引きずり込んだことになる。

そんな使節団一行は、会場の片隅、シャム（タイ）や中国と並んで、「JAPAN」と書かれたコーナーを見つけて驚愕する。そこに並べられていたのは、オールコックのプレイベート・コレクション――寄木細工、木彫細工、籠細工、陶磁器、漆器、根付、七宝焼き、提灯、藩札などなど、合わせて九〇〇点を超える日本の品々であった。博覧会場を視察したサムライたちは、その質の

図 4-11　古代ギリシャの雷文模様（ブカレスト）

劣悪さ、あまりの貧相ぶりに愕然とする。淵邊徳蔵も福沢諭吉も、オールコックのコレクションについては、「骨董品の如く雑具を集しなれば、見るにたえず」（淵邊『欧行日記』）、「物の数甚少し。唯漆器、陶器、刀剣、紙類、其外小細工物のみ」（福沢『西洋事情』）と、言葉少なく批判を述べるに留まる。

ところが、である。日本人の目には「しょぼい」品々に、ヨーロッパの人びとは熱狂する。植物や昆虫を使った奇抜な装飾、グロテスクで滑稽でもある独特のデザイン、「ヨーロッパの文法」にはない色彩感覚。なかでも「袋物や煙草入れなどの留め具としてつくられたブローチ」と紹介された「根付」への注目度は高く、その後大英博物館やルーヴル博物館といった欧米の博物館がその収集を競うことになる。『オクスフォード英語辞典』によれば、「netsuke」は一八八三年の『センチュリー・マガジン』誌九月号（七四三頁）が初出とされているが、すでに一八六二年のロンドン博覧会場で根付は一大ブームを巻き起こしつつあった。藩札に見られる印刷技術、和紙の紙すき技術も欧米来館者の絶賛を浴びた。ヨーロッパの美術評論家のなかには、日本の装飾文様に、古代ギリシャの雷文模様（メアンドロス模様、図4-11）を見出す者もいた。かくして、ヨーロッパ人は、日本の装飾の数々に、彼らが敬愛してやまない古代ギリシャを「見た」のである。

欧米諸国が日本の事物に熱狂した背景には、彼ら、特に開催国イギリスが、「産業と芸術の融合とは何か」を求めつづけてきたこともあっただろう。それゆえに、日本の品々は、「芸術」としてではなく、格下の「装飾芸術」として見られたのだと、イギリス美術史の専門家である谷田博幸や山口惠里子は分析する。人間は何事も、見たいようにしか見られない。

たとえば、一八六二年の博覧会で「中世の会場」を担当したウィリアム・バージズは、日本会場をこう紹介した。「これらの今まで知られてこなかった野蛮人たちは〔ヨーロッパの〕中世が知っていることをすべて知っているだけではなく、いくつかの点においては中世、そしてわれわれをも凌ぐ」（山口惠理子「英国ヴィクトリア朝の日本趣味と明治芸術のラファエル前派受容」五五頁）。ヨーロッパの過ぎ去った時間である「中世」が同時代の日本にあるという見方、すなわち自分たちを「近代」、日本を「中世」と見る見方には、ヨーロッパの人種主義が映し出されている。同じ視線は、生麦事件の直後にオールコックが記したこんな文章にも認められる。

もうこれで今年の事件も終わりにしたいのだが、これで終わりになるとはあえてだれも予言できないし、あるいは現在のような状態にあるこんな国では、毎日、毎月、いったいどんなことになるか、予想もつかない。封建的・武断的制度のもとにある日本での現在の生活は、イギリスのアングロ・サクソン時代と同じように不安なものである。すでにのべたように、日本の現在の社会状態は、イギリスのあの無法で狂暴だった時期と、酷似している点が多いのである。このような状況のもとでは、生命の保障はないし、またありえない。（ラザフォード・オールコック『大君の都』第三巻、三六七頁）

そこに滲むのは、ヨーロッパの今を頂点とみなす進歩史観であり、自分たちの現在が過去に戻る（すなわち進歩とは逆に退化する）ことなど絶対にありえないと思う、楽観的でいささか高慢な態度である。これこそ、本書冒頭で見たように、ヨーロッパ近代という「昨日の世界」にツヴァイクが認めた欠点でもあった。それゆえに、イギリス人オールコックが自分の趣向に合わせて集めた日本の品々には、当時のヨーロッパ人が「見たい」ものが凝縮されていたのであろう。

万博終了後、オールコックの個人コレクションは、博覧会場近くの博物館（一八五二年開館のヴィクトリア&アルバート博物館）のみならず、ロンドンの巷にも流出した。そのなかに、リージェント・ストリートに店を構える東洋美術専門のファーマー&ロジャーズ社、さらには同社で鍛えた審美眼を生かして独立し、陶磁器や着物などを扱ったアーサー・リバティ（現在のリバティ・ロンドンの創設者）もいた。

一八六二年のロンドン万博当時、中国趣味（シノワズリー）をもじって「ジャポネズリー」と呼ばれた日本趣味は、日本が初出展した一八六七年のパリ万博によって、フランス語の「ジャポニスム」を冠した芸術の一大ブームとなった、というのが通常の理解である。ジャポニスムといえば、ゴッホやホイッスラーらに影響を与えた喜多川歌麿や安藤広重といった浮世絵が取り上げられることが多い。だが、それ以前に、「産業と芸術」の狭間を模索するヨーロッパ諸国は、日本の漆器や陶磁器、金細工に施された装飾に魅了され、藩札に示された日本の技術を絶賛していた。はて、この事実に気づいた使節団メンバーはいたのだろうか。

文久遣欧使節団の記録を追った宮永孝や松村昌家によれば、使節団が最も関心を寄せたのは、アームストロング砲であった。クリミア戦争を契機に、イギリスのウィリアム・アームストロングが考案した後装式のライフル（施条）砲は、テムズ川下流、グリニッジに程近いウリッジの王立兵器工場で製造されており、使節団はここを複数回訪れている。アームストロング砲は、一八六三年八月の薩英戦争、翌六四年八月の四国（英・米・仏・蘭）連合艦隊による下関砲撃で使われ、薩摩、長州の攘夷認識を吹っ飛ばした。それは、クリミア戦争後の一九世紀後半、「兵士の時代」から「兵器の時代」へと転換する世界を予告していた。いち早

図 4-12　1867 年パリ万博幕府使節団一行、中央が将軍名代の徳川昭武

くアームストロング砲を輸入した佐賀藩は、わずか二年でその模倣に成功し、一八六八年、鳥羽・伏見の戦いに始まる戊辰戦争の一コマで、上野の彰義隊に壊滅的な被害を与えることになる。

一八六七年、パリ万博

一八六二年のロンドン万博からわずか半年後、フランスのナポレオン三世は一八六七年のパリ万博開催を高らかに宣言した。日本が初めて出品する万博である。

実はフランスでは、一八世紀末からすでに国内向けの産業博覧会が開かれていたが、その「国際版」の実現は一八五一年のロンドンに一歩遅れをとった。イギリスへの対抗心も手伝って、ナポレオン三世は、一八六七年のパリ万博に向けて、より広範囲に、よってヨーロッパに留まらず、非ヨーロッパの国々にも広く、参加を呼びかけた。一八六四年に着任したフランス駐日公使レオン・ロッシュは、パリ万博のための国内委員会が発足した一八六五年三月、幕府に出展を打診している。

ロッシュとの会談に同席した外国奉行の栗本鋤雲（じょうん）は、ロッシュの通訳メルメ・カションの説明から、フランス語の「exposition」に「薬品会」を連想し、これに「博覧会」との訳語を当てたとされる。「薬品会」とは、江戸時代、全国各地の薬種を展示、売買する見本市のような場であり、「物産会」とも呼ばれ、珍しいもの好きな人びとの間で人気があった。一八六二年のロンドン万博を経験した福沢諭吉は英語の「exhibition」に「博覧会」という言葉を初めて当てたが、ほぼ同時期、栗本はフランス語から「博覧会」を翻案したのである。パリは、一八五五年、六七年、七八年、八九年、一九〇〇年と、一九世紀に五回もこの国際的なイベントを開催しており、正式名称（Exposition Universelle de Paris）にある「普遍的」を意味するフランス語（universelle）と合わせて、わたしたちになじみの「万国博覧会＝エキスポ」という表現がテンプレートとなっていった。

日本人が初参加した一八六二年のロンドン万博から一八六七年のパリ万博までの五年間は、日本の歴史的転換点でもあった。それは一方では、薩英戦争を経てイギリスとの連携を深めた薩摩藩が、幕府によって二度にわたる征討を受けた長州藩と手を組み、倒幕を明確に打ち出す時期であり、もう一方では、薩摩藩を警戒する徳川幕府がフランスへの傾斜を強め、製鉄所建設や軍政改革を進めた時期である。国情に鑑みてパリ万博参加に慎重な姿勢をとり続けていた幕府は、提案から半年後の一八六五年九月、最終的にロッシュの説得に応じ、参加を了承した。そこには、フランスとの関係を通じて幕府の威光を維持したいとの思惑があったと思われる。将軍・徳川慶喜の名代として、慶喜の異母弟、当時一四歳の徳川昭武の派遣を幕府が公表したのは、一八六七年一月であり、昭武率いる幕府使節団には、祖国オランダに一時帰還するという駐日イギリス公使館付通訳官、アレクサンダー・フォン・シーボルトが通訳として同行した。

その名が示すように、アレクサンダーは「シーボルト事件」（一八二八）で知られるオランダ商館付き医師、博物学者でもあったフィリップ・フランツ・フォン・シーボルトの長男である。五年の任期を終えて帰国する際、禁制品の日本地図などを国外に持ち出そうとしたとして、シーボルトは国外追放、再渡航禁止処分となった。彼に地図を渡した高橋景保は死罪（実際には判決前に獄死）となり、シーボルトが蝦夷地探検中の間宮林蔵に送った手紙から、他に五十名を超える関係者が処罰された。この事件で日本追放となったシーボルトは、日蘭修好通商条約の締結（一八五八）の翌年、長男アレクサンダーを伴って再び来日し、幕府顧問を務めた後、オランダに帰国し、一八六六年に亡くなった。

父の喪に服するために一時帰国するアレクサンダーが、パリ万博に向かう幕府一行と同じ船に乗り合わせたのは偶然ではないだろう。当時アレクサンダーは、オールコックの後任のイギリス公使、ハリー・パークスのもとで通訳・翻訳官を務めていたが、パークスといえば、薩摩藩との関係を深め、戊辰戦争でも欧米諸国及びロシアの間で絶妙なバランスをとる外交手腕を発揮した人物である。パークスとの関係から、アレクサンダー・シーボルトの同乗に「イギリスの陰謀」を見る専門家もいるようだが、寺本敬子『パリ万国博覧会とジャポニスムの誕生』によれば、話はもう少し複雑である。

パリ万博を進言した駐日公使ロッシュは、自らの通訳を務めたメルメ・カションがフランスにいたことで、カションに昭武の通訳兼教育係を任せようと考えていた。フランス人カションはそもそも、宣教師として派遣された琉球で日本語を学び、日仏修好通商条約締結（一八五八）後は一貫して駐日フランス代表、公使の通訳官を務めてきた。ところが、ロッシュのこの抜擢に使節団の幕臣が反対した。理由は定かではないが、感情的なものだったらしい。幕臣の勝海舟はカションを「妖僧」と呼んでいたという。こうした事情から、乗り合わせたアレクサンダーがパリ万博中の通訳をも務めることになったと思われる。

図 4-13　薩摩琉球国勲章（1867）

アレクサンダー・フォン・シーボルトの話は、幕末から維新にかけての日本が、この島国の外、修好通商条約を結んだ国々の思惑や彼らの力関係の下にある、より生身の人間模様のなかに放り込まれたことを教えてくれる。

「日本帝国」と「琉球公国」

一八六七年のパリ万博の詳細を分析した寺本敬子は、この万博における幕府外交は失敗だったと明言する。その事情はこうである。

一八六五年七月、幕府はパリ万博への出展品の収集と選別を開始し、「一八六七年一月一日パリ必着」で以下を発送した（寺本、六三頁）。官服（二点、以下数字は点数）、武器（二〇一）、書籍（九二）、図画（一二四）、音楽器（一二）、漆器（一四八）、彫器（九）、陶器（一一三）、金属器（二〇）、紙類（各種一〇〇枚単位で七九）、雑品（三七）。作業がほぼ終わる一八六六年五月半ば、幕府は諸藩にも出展応募を呼びかける通達を出し、その二日後には日本人の海外渡航の緩和を通知した。懐の深さを見せた、というところだろう。

幕府の通達を受けて、まずは薩摩藩（一八六六年九月）が、次いで佐賀藩（鍋島藩、同年一二月）がパリ万博参加の意志を表明した。通達では「幕府の統一的なリーダーシップで」「大君政府の旗章のもと」が条件とされており、イギリスと協力して独自路線をとろうとする薩摩藩への警戒感が伝わってくる。実際、幕府の危惧以上に、薩摩藩はずっとしたたかであった。パリ万博への参加表明の半年前（一八六六年三月）に薩長同盟を成立させた薩摩藩は、盛りあがる倒幕機運のなか、ロッシュ公使とは別の外交ルートでパリ万博とつながり、さながら幕府とは独立した主権国家のごとく、ふるまうのである。

薩摩藩は、早くも一八六六年一二月半ば、一〇名の使節団を出発させた。翌六七年二月六日にパリに到着した彼らは、余裕をもって展示準備に臨む。もちろん、四月一日の開会式にも参加した。幕府とは異なる展示区画を確保した薩摩藩は、フランスのレジオン・ドヌール勲章を模した「薩摩琉球国勲章」（図4−13）を制作してフランス政府高官に贈るなど、あたかも独立国であるかの演出を露わにした。万博委員会が開会式に合わせて作成したパリ万博『総カタログ』初版は、幕府を「日本帝国」、薩摩が偽装した琉球王国を「琉球公国（Principauté de Liou-Kiou）」と表記して、まるで別主権国家のように扱っている。遅れてパリ入りした幕府からの抗議を受けて、図録第二版からは「琉球公国」の文字は削除され、「日本」の項目には「大君政府」「薩摩太守政府」「肥前太守政府」が列挙されて、各々同格の「政府（gouvernement）」であることが示された。それが依然、日本が封建国家であることを際立たせた。パリ万博における幕府外交は明らかに失敗であった。

その元凶は、幕府使節団のパリ着遅れ、「遅刻」にあろう。将軍の名代である徳川昭武ら幕府一行がパリに到着したのは、開会式の一〇日後、四月一一日のこと。幕府の威信のもと、「一つの日本」を示すはずの万博開会式に、なぜ幕府は遅刻したのだろうか。こんな問いから幕末維新期を見直すことも、日本史と世界史を合わせ鏡に「近代」という時代を考える「歴史総合」という科目の醍醐味であろう。

図 4-14　1867 年パリ万博概観（(提供 : Bridgeman Images/ アフロ)

万国博覧会の役割

先に述べたように、一九世紀に五回の開催を実現したパリ万博は、その後万国博覧会というコンテンツのテンプレートとなっていった。特に、日本の参加が強く要請された一八六七年のパリ万博は、以下の点で現在に続く万博の起点であったといえる。

第一に、美術品、家具や装飾品、服飾の世界にまで幅を広げて、モノづくりのみならず、それを使って生活を楽しむという、人びとの生活文化や消費生活にも目配りした展示分類が行われたことである。全一〇分類となった一八六七年のパリ万博では、筆頭の「美術品」以外に、「住生活用品・家具」「衣料・服飾品」「食料品」といった分類が加わり、展示品目の多様化が進んだ（詳細は市川文彦「近代パリ万物博の軌跡、一八五五～一九〇〇」（佐野真由子編）『万国博覧会と人間の歴史』）。

第二に、娯楽性の追求である。展示会場（パレ）とは別に、会場周辺に多くのパビリオンを設け、そこで大々的にアトラクションを開催するという今に続くかたちもまた、

図 4-15　3 人の日本人女性『ル・モンド・イリュストレ』(1867.9.28)

一八六七年のパリ博を起点としている。大きな楕円形の展示会場を囲む四つのクォーター（図4−14）には庭園のような空間があり、そこに各国の多様、多彩なパビリオンが設けられた。エジプトのファラオの神殿あり、トルコのモスクあり。そのなかで、江戸の商人、清水卯三郎の「日本茶屋」では、江戸柳橋の芸者、すみ、さと、かねの三人が強く「日本」をアピールした。フランスの新聞『ル・フィガロ』や絵入り週刊誌『ル・モンド・イリュストレ』（図4−15）でも、「初めて目にする日本女性」として、煙管を吸い、お茶でもてなし、花札で遊ぶ彼女たちの一挙手一投足を大きく取り上げている。そこに「ゲイシャガール」につながる、ある種偏った日本イメージの形成を認めることは難しくないだろう。

それは「見られる」ことを意識した、文字通りの「人間の展示」であった。一八六七年のパリ万博以降、欧米諸国が帝国主義への傾斜を強めるなか、植民地（あるいはそれに類似した地域）から連れてこられた人たちは、科学と娯楽が出会うここ、万博会場に設けられた「人間動物園（ヒューマン・ズー）」で、来館者の好奇の目にさらされることになる。

第三に、都市の開発と再開発、及び参加国間の外交が万博概念に織り込まれるようになったのも、一八六七年のパリ万博の経験によるとされる。

さらには、人材育成も、一八六七年パリ万博の経験に含めたい。幕臣としてパリ万博に参加した会計係の渋沢栄一の活躍は、彼が一万円札の肖像画に選ばれたことを契機に制作されたＮＨＫ大河ドラマ「青天を衝け」（二〇二一年二月から一二月）でも描かれた。

渋沢だけではない。佐賀藩団長を務めた佐野常民は、パリ万博の経験を買われて、つぎのウィーン万博（一八七三）で事務副総裁（総裁は大隈重信）を務め、その後も明治日本の博覧会行政を支えた。と同時に、佐野は、パリ万博で展示された「国際赤十字」の活動に強い感銘を受け、帰国後、西南戦争（一八七七）の際に、日本赤十字社の前身となる「博愛社」を創設した。スイスの実業家アンリ・デュナンが提唱した「国際赤十字」は、一八六七年パリ万博の三年前、ジュネーブ条約（いわゆる赤十字条約）で正式に設立されたばかりの組織であった。

佐賀藩についてはもうひとり、触れておかねばならない人物がいる。佐賀藩がパリ万博に派遣した五人のひとり、薬種商人の野中元右衛門（一八一二〜一八六七）である。日本初の反射炉をはじめ、富国強兵策を積極的に推進した佐賀藩にあって、野中は、軍艦や大砲の購入資金繰りに力を発揮し、パリ万博参加メンバーに選ばれた。元来身体が丈夫ではなかったという彼にとって、二か月近い船旅はさぞかし堪えたことだろう。野中はパリ到着直後に亡くなり、日本人として初めて、ペール・ラシェーズ墓地に埋葬された。ミシュレが眠るあの墓地である。墓石は日本でよく見かける形をしており、表面は縦書きの日本語、裏面はフランス語で、彼がパリにやって来たことを今に伝えている。

将軍名代を務めた「プリンス・アキタケ」、徳川昭武も例外ではない。彼は、パリ万博後にヨーロッパ諸国を歴訪して各国の君主に謁見した。そのなかに、次章で見るベルギーのレオポルド二世もいる。その後もパリに残るが、兄の大政奉還、それに続く新政府からの帰国命令で一八六八年夏に帰国。水戸徳川家を継ぎ、水戸藩知事となり、函館戦争に向かい、その後しばらく陸軍で教える――という目まぐるしい展開ののち、徳川昭武はアメリカ独立一〇〇周年を祝って開催された一八七六年のフィラデルフィア博覧会に派遣された。副総裁を務めた西郷従道（西郷隆盛の弟）の社交下手を懸念しての抜擢だったという。このように、パリ万博の経験は、明治日本を近代世界へとつないだのである。

そして日本でも、博覧会の開催が試みられた。場所は新しいもの好きの町、京都である。

一八七二年、京都博覧会

パリ万博のわずか四年後、京都の三人の豪商が中心となり、一八七一年一〇月から一一月にかけての約一か月間、京都で日本初の「博覧会」が行われた。この試みは大いに成功し、終了直後、半官半民の京都博覧会社（一八九〇年以降は京都博覧会協会）が設立された。一八七一年の「試み」は予備的なものではあったが、当初から欧米を意識して「博覧会」という言葉を使っていた。その記録にはこうある。

「西洋諸国ニ博覧会トシテ新発明ノ機械古代ノ器物等ヲ普ク諸人ニ見セ智識ヲ開カセ新機器ヲ造リ専売ノ利ヲ得サシムル良法ニ倣ヒ一会ヲ張ラント御庁ニ奉願」　（『京都博覧会協会史略』一九三七年、一〇頁）

図 4-16　チャールズ・ワーグマン「京都博覧会」（『絵入りロンドンニューズ』1872.10.19）

一八七一年の試みの「博覧会」終了から間を置かず、外国人の入京許可が申請され、それが認められたことで、博覧会の要である「国際性」が担保され、外国人記者による取材も可能になった。翌年、一八七二年には正式に第一回京都博覧会が開催され、取材する外国人記者もやってきた。『絵入りロンドンニューズ』の日本特派員、チャールズ・ワーグマンもそのひとりである。一八七二年六月、会場の知恩院を訪れたワーグマンは、こんなイラストを同誌に送っている（図4-16）。

イラスト右手前に立つ二人の人物については、記事本文に説明がある。「二人が身に着けている洋服はその背後に置かれた武士の鎧兜と鮮やかなコントラストを成す」という文章に続き、まずはこちらを向いている人物――熊谷直孝が紹介される。熊谷は、薬種・香具商「鳩居堂」の七代目（久右衛門を称す）で、討幕派として知られた有力商人で当時五五歳。その前年に日本初の「博覧会」を試みた三人の豪商の一人である。

記事には、熊谷の洋装――「ブルーの花柄模様のシルクの上着がしっくりこない」とあるが、確かに今でも着こなしが難しそうなジャケットではある。

それに比べて、「洋服のテイストがすばらしい」と紹介されているのは、後ろを向いて立っている男性、当時三〇歳の西尾為忠である。彼は当時、京都府の官吏（典事、「京都市」はまだない）で、この博覧会の責任者でもあった。現在「西尾為忠」といえば「八ツ橋」が想起されるだろうが、京都の八ツ橋が銀賞を獲得するのは、一八八九年のパリ万博である。

西尾為忠は、明治維新で京都の公家社会が解体され、「百官受領廃止」（一八六九年八月）によって御所官人の役職を解かれるが、岩倉具視との関係から、京都府の官吏になったとされる。天皇の「東幸」の後、京都の未来に対する西尾の危機感は人一倍強く、彼が博覧会というヨーロッパ発の産業振興の仕組みに関心を寄せた理由もそこにあったと思われる。特派員ワーグマンは、京都博覧会の立役者二人をみごとに捉えていたのだ。

「国際性」を重視した京都博覧会では、裏千家が「立礼式（りゅうれい）」という新しい茶道のやり方を考案した。靴を履いたまま、テーブルと椅子で行うお点前は、第一回京都博覧会に来場する外国人のために創られたものである。京都の春の風物詩として知られる都をどりも、このとき外国人に対するホスピタリティから生まれた。革新なくして伝統は継承されない。博覧会プロジェクトは、文字通り、天皇が去ったのち、明治という新しい時代を生き抜く京都の戦略であった。京都博覧会はその後、一九二七年まで毎年開催されることになる。

ちなみに、この博覧会プロジェクトの中心を担ったのは、京都府顧問の山本覚馬だ。砲兵隊を率いて禁門の変（一八六四）を戦い、その名を全国で知られるようになった砲術家の会津藩士である。日本初の英文ガイドブック（一八七三）も彼が手がけた。この兄を頼り、会津戦争で家族とともに鶴ヶ城に篭城した妹・八重は上洛し、やがて兄が設立を支援する同志社英学校（現同志社大学）の創立者、新島襄と結婚することになる。

今何を問うべきか

明治維新一五〇周年前後、各地で行われた顕彰行事のなかには、「一八六七年のパリ万博と佐賀藩の挑戦」（佐賀城本丸歴史館）や「薩摩からパリへおくりもの」（鹿児島県歴史資料センター黎明館）など、パリ万博の記憶に焦点を合わせた展示もあった。薩摩焼や唐津焼といった特産品の技術への高い評価や参加者のその後も興味深いが、幕末明治期の日本と万国博覧会との遭遇について、わたしたちが今考えねばならないことは、それ以外にもたくさんある。

そのひとつは、万博という場が、基本的に「見る／見られる」という視線の交錯のなかにあったことである。一八六二年のロンドン万博で最も見られたのはサムライたちであったし、サムライ目線ではしょぼかったオールコック・コレクションは、ヨーロッパ目線のなかで大人気を博した。一八六七年のパリ万博における清水卯三郎の「日本茶屋」がまさしく「人間の展示」であったことはすでに述べたとおりである。「日本茶屋」もまた、欧米人に見られることを前提に、「日本の日常生活」を演出していた。この双方向性を忘れてはならない。

小原真史の『帝国の祭典』にあるように、「人間の展示」は欧米各地の博覧会で大評判となり、巷には非ヨーロッパ人を見世物として博覧会場に仲介するブローカーが暗躍した。一八八五年、ロンドンに「日本人村」を開いて大成功を収めたアムステルダム生まれの興行師、通称タナカー・ブヒクロサン（本名フレデリック・

ブレックマン）もその一人である。会場には日本の店がずらっと並び、そこで職人が傘や竹細工づくりを実演し、近くに設置された寺には僧侶までいたという。一九世紀最後の四半世紀から二〇世紀前半をつうじて、万国博覧会というイベント空間に投影されたヨーロッパの人種主義については、一八九七年のブリュッセル万博を素材に、次章でも考えたい。

博覧会の仕組みを欧米に学んだ明治日本は、京都博覧会のような地方博や全国規模の産業博などの博覧会ラッシュに沸く。一九〇三年、大阪、天王寺で開かれた第五回内国勧業博覧会では、「学術人類館」という名の下に、アイヌ、琉球、台湾などの人びとが見世物として「展示」された。それを「好奇心」という言葉で語ってしまうのは、あまりにナイーブだろう。

「見る／見られる」がはらむ問題性を意識する——一八六七年のパリ万博以降、万国博覧会の開催都市には常にそれが問われている。

第五章

世界を食い散らかす

はじめに

ワーテルローの戦いで終止符が打たれたナポレオン戦争以降、第一次世界大戦までの約一世紀間、ヨーロッパ諸国間の政治的な安定はイギリスの覇権のもとで進められてきた。パクス・ブリタニカと呼ばれたその時代、ヨーロッパ内部の対立関係は非ヨーロッパ地域への拡大とともにあった。日本が明治という新しい国づくりに着手する一八七〇年代以降、統一後のドイツやイタリア、南北戦争後のアメリカを含む欧米諸国は、「帝国」への道をひた走りはじめた。とりわけ彼らが関心を向けたのは、沿岸部の交易拠点以外、内陸部の状況がほとんど知られていなかったアフリカ大陸である。

すでにその先陣は、各宗派の宣教師たちが切っていた。初めてヨーロッパ人としてアフリカ大陸縦断に成功したのは、イロマンゴ島で殺されたジョン・ウィリアムズと同じ宣教組織、ロンドン伝道協会から派遣されたデイヴィッド・リヴィングストン（一八一三～一八七三）である。

一八四一年、医療伝道師として南アフリカに派遣されたリヴィングストンは、キリスト教伝道とともに、ムスリム商人による奴隷貿易を根絶すべく、アフリカ大陸南部と東部を広範囲に旅した。探検中に天体観測を学び、探検した土地の地図を作成して、アフリカに関する知識、情報の増進に貢献した彼は、一八五五年、ザンベジ川中流部の巨大な滝をヨーロッパ人として初めて目撃し、時のイギリス君主にちなんで「ヴィクトリアの滝」と命名した。イギリス王立地理学会の依頼でナイル川の水源探索に出かけた彼は、一八六六年、ザンジバル島から探検を開始したものの、奴隷商人の妨害で旅は困難を極め、消息不明となった。死亡説まで流れた。

このとき、経営者の命令と莫大な懸賞金でリヴィングストンの捜索を引き受け、みごと発見に成功したのは、『ニューヨーク・ヘラルド』紙の記者ヘンリー・モートン・スタンリー（一八四一〜一九〇四）であった。スタンリーは、イギリス、ウェールズで私生児として生まれ、施設で育ち、一七歳で渡米してさまざまな職業を渡り歩いたのちに、『ニューヨーク・ヘラルド』の社主J・C・ベネットにその才覚を見出された。スタンリーにリヴィングストン探索を命じたのは、その息子で新聞社を継ぐベネット・ジュニアだ。世界的な特ダネ探しに目を光らせていたジュニアは、イギリス軍のエチオピア遠征に従軍記者として同行経験のあるスタンリーに白羽の矢を立てた。一八六九年、ベネット・ジュニアは、イザベラ二世を前年のクーデターで追放したスペインの革命評議会を取材中のスタンリーをパリに呼び寄せ、他紙に悟られないよう、スタンリーに次のような計画を指示した。

図 5-1　スタンリー（中央左）のリヴィングストン（中央右）発見の瞬間を描いた挿絵（Stanley,1872）

まずはカモフラージュのため、スエズ運河の開通式（一八六九年一一月一七日）に出席する。そこからナイル川をさかのぼり、イギリスの探検家サミュエル・ベイカーに会い、アルバート湖発見の話を聞く。その後、ペルシャ経由でインドへ行き、さらにそこからアフリカ東海岸に渡って、アフリカ内陸部に入る——一年余りをかけて指示通りに動いたスタンリーは、一八七一年一月、ザンジバル島からアフリカ大陸に入ったのち、ひたすら西に進んだ。そして、

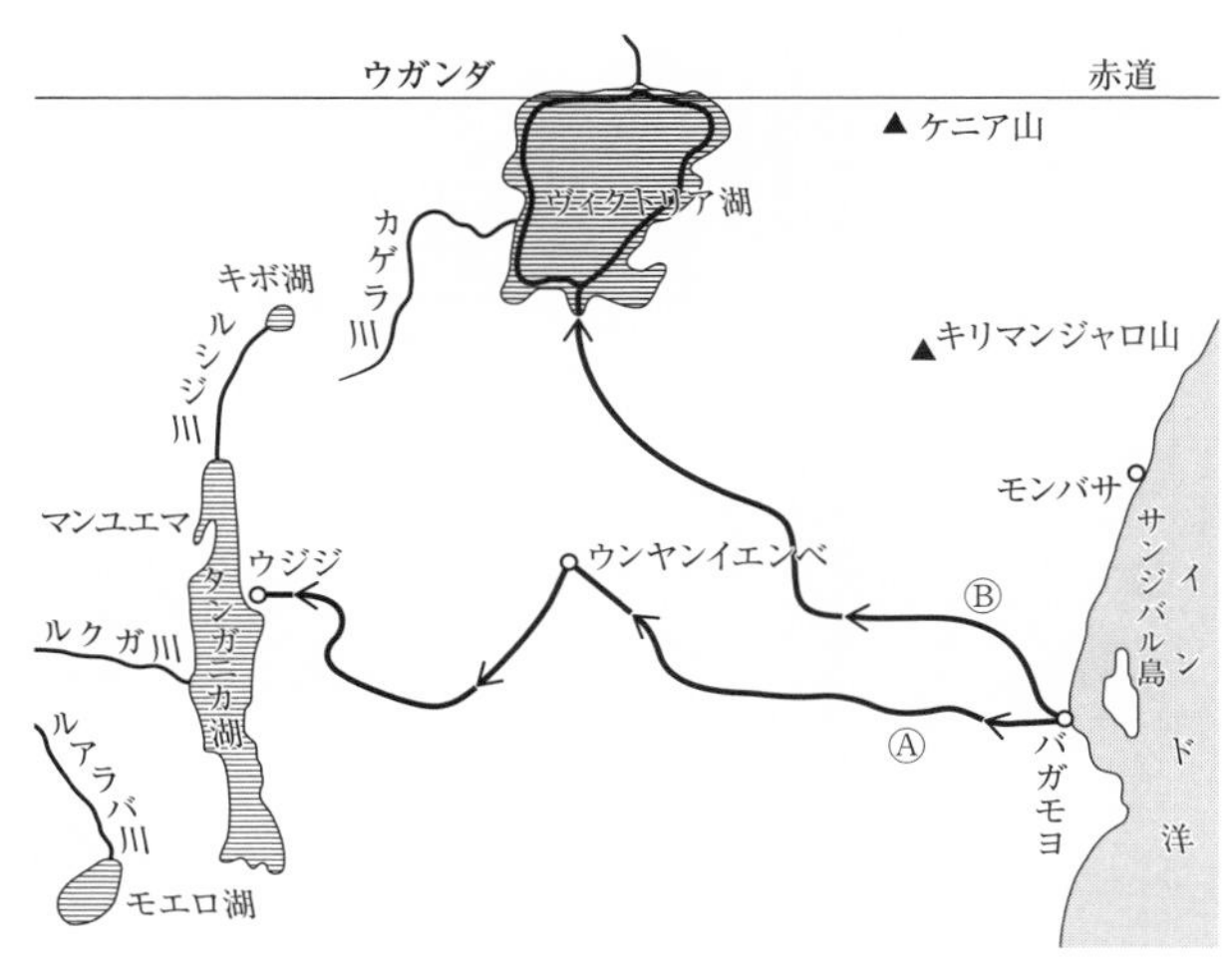

図 5-2　スタンリーの探検ルート（1871 ～ 1877）。リヴィングストン博士捜索（Ⓐ）とその後のナイル川源流確認の旅（Ⓑ）

一八七一年一一月一〇日、タンガニーカ湖畔の村ウジジで、痩せこけたその男性に向かってこう声をかけた。「リヴィングストン博士でいらっしゃいますね？(Dr. Livingston, I presume?)」——その後、この言葉は、思いがけない人と会ったときの常套句となった。

リヴィングストン発見という世紀のスクープは、スタンリーを一躍時の人にした。ナイル川の水源探検を続けたいとアフリカに残ったリヴィングストンは、一八七三年五月に亡くなった。スタンリーは翌一八七四年、イギリスの新聞社デイリー・テレグラフから資金援助を得て再びアフリカに戻り、一一月、バガモヨからヴィクトリア湖をめざした。イギリスから持参した舟を組み立てて湖を探検した彼は、この湖がナイル川の源流であることを確認する。その後タンガニーカ湖に向かい、今は亡きリヴィングストン博士と邂逅したウジジから舟で対岸に渡ったスタンリーは、タンガニーカ湖の西、ルアラバ川に到着した。リヴィングストンが「ナイル川の上流」と考えていた川である。博士に代わってこの川のゆくえを知ろうと、スタンリーは川下りを決意する。

密林のなかを苦労して川を下り、七つの滝（スタンリーの滝と命名、現ボヨマ滝）を越えた彼は、現地人から、この川がコンゴ川につながっていることを知る。川幅の広い湖のような場所、スタンリー・プール（現マレボ湖）から急流が続く川を下り、一八七七年八月、スタンリーは疲れた体をなんとかひきずって、コンゴ川河口にあるポルトガル領の港町ボマにたどり着いた（図5-4参照）。この探検の過酷さは、当初三五六人だったメンバーのうち、たどりつけたのはわずか三分の一ほど、一一四人だったことが物語る。しかも、欧米人の生存者はスタンリーただ一人であった。

ヨーロッパ人として初めてアフリカ大陸を横断したスタンリーの次なる行動は、コンゴ川全域の植民地化をヨーロッパ諸国に売り込むことであった。最初に売り込みをかけたイギリス政府は、南アフリカでイギリスからの入植者とオランダ系ボーア人との対立が続いていたため、また、コンゴ内陸部の地形が複雑で舟による航行が難しいことからも、スタンリーの提案に積極的ではなかった。

そんなスタンリーに接触してきたのは、未だ植民地のないヨーロッパの新興国、ベルギーのレオポルド二世（在位一八六五～一九〇九）であった。彼の登場により、ヨーロッパ諸国は、この大陸を食い散らかすアフリカ分割へと突き進むことになる。

一、アフリカ分割の果てに

新興国ベルギー――レオポルド父子

レオポルド二世は、初代ベルギー国王レオポルド一世の息子であり、一八六五年、父の死にともなって即位した。ベルギー周辺は近世以降、スペイン、フランス、オーストリア・ハプスブルク帝国によって支配されてきたが、フランスの七月革命の影響を受けて、一八三〇年、ベルギー王国としてネーデルランド連合王国から独立した。

初代ベルギー王のレオポルド一世は、ドイツの領邦のひとつであるザクセン・コーブルク・ザールフェルト公の三男として生まれた。わずか六歳でロシア帝国軍士官の身分を与えられたのは、ヨーロッパの小国としての戦略からである。ナポレオン戦争中にフランスの支配下に置かれた際、レオポルドはロシア帝国軍に合流してフランス軍と戦った。一八一五年のウィーン会議ののち、ロシア皇帝アレクサンドル一世とともに訪れたイギリスで、彼はある女性と恋をし、結婚する。当時イギリスの摂政を務めていた皇太子ジョージ（のちの四世）の一人娘で、父に次ぐ王位継承権第二位のシャーロット王女である。一部の取り巻き以外に人気も人望もない父とは対照的に、しかも、父が勧める結婚相手を拒否して自らの意志でレオポルドを選んだシャーロットに、国民は大きな声援を送った。だが結婚の翌一八一七年、彼女は子どもを死産したのちに亡くなる。残されたレオポルドはその後もイギリスに留まった。

その後、レオポルドには、ギリシャ国王への就任要請が舞い込んだ。オスマン帝国からの独立をめざすギリシャを支援したイギリス、フランス、ロシアの勢力均衡を維持するために、ギリシャ国王は「この三国以外から選出する」ことが決まったためである。熟慮の末にレオポルドはこの申し出を断わり、結局、ギリシャ初代国王は、ドイツ、バイエルン公国のオットー（ギリシャ名オトン）に決まった。

一九世紀のヨーロッパでは依然として君主が主権を代弁する国が多く、フランス革命の影響を受けて高揚するナショナリズムのもと、地域の統廃合で誕生する主権国家の国王選びには、既存の王族・貴族のネットワークが連携しあった。新興国ベルギーも例外ではない。

ベルギーでは、一八三〇年のフランス七月革命の影響で独立機運が盛りあがった。八月、ブリュッセルの劇場で上演中だった人気のオペラ『ポルティチの唖娘』（フランソワ・オーベール作、初演一八二八年）がその引き金を引いた。一七世紀半ばのナポリを背景にスペインへの抵抗を描いたこのオペラに刺激されて、観客たちが自由と祖国愛を歌うリフレインを口ずさみながら、劇場から街頭へとくり出したのである。自治の願いは却下され、三日間の市街戦のなかで樹立された臨時政府は、同年一〇月、独立を宣言した。イギリスの仲介で開かれた会議で、ベルギーの独立が承認された。そして始まったのが、ギリシャ独立時と同様、新しい国王探しであった。憲法の起草に当たったベルギー国民議会はフランス国王の次男を希望したが、それを押さえてレオポルドを新ベルギー王に推薦したのは、もちろんイギリスであった。

ウィーン会議で中立地帯となったベルギーの帰属は、ヨーロッパ全体の勢力均衡と関わる重要案件であり、特にイギリスにとって、ベルギーの中立維持は、ワーテルローの戦いの教訓として強く意識されていた。ワーテルローが位置する広大なベルギー平原は、ぜったいに突破されてはならないイギリスの防波堤であった。ベルギーを永世中立国とする国際条約（一八三九）は、イギリス主導で締結された。独立後、立憲君主制を通じて民主化を進め、産業振興を推進していくベルギーのモデルもまた、イギリスにあった。

初代ベルギー王に就任したレオポルド一世は、外交的バランスを考慮してフランス国王の娘と再婚し、レオポルド（二世）をもうけた。経済発展の主力であるリエージュ、独立を主導したブリュッセルがフランス語圏であることから、ベルギーの事実上の公用語はフランス語であったが、それが北部のオランダ語話者との対立を生んだ。二つの言語の地域バランスを考えて多言語国家をめざした父とは異なり、いや父への反発もあったのか、第二代ベルギー王となったレオポルド二世は、オランダ語地域への配慮を欠いた言動でしばしば非難の的となった。

レオポルドがこの国の「はるか向こう」に目を向けたのは、こうした国内問題を焦点化させないようにとの思惑があったからだろう。さらには、一九世紀半ば以降のオランダ（ネーデルランド連合王国）が、ジャワやスマトラ、ボルネオを中心とする東南アジア（現在のインドネシア）の植民地支配を強化して成功したことに触発されたのかもしれない。あるいはもうひとつ、別の事情が、レオポルド二世の目をベルギーの外に向けさせたのではなかったか…。

「メキシコ皇帝」の銃殺

それは、父レオポルド一世の愛娘、すなわちレオポルド二世の妹マリー・シャルロットの夫で、オーストリア皇帝の弟であるマクシミリアン公のメキシコでの悲劇である。

マクシミリアンは、メキシコに出兵したフランスのナポレオン三世が「メキシコ皇帝」（在位一八六四～六七）として推挙し、フランスによる傀儡政権の皇帝位に就いた人物である。こんな書き方をすると、一九三〇年代の中国に成立した日本の傀儡政権を想起させるかもしれないが、ナポレオン三世が「共和政ではなく帝政」へとねじ伏せた根拠が、「フランス軍の占領地域で行われた国民投票」であったという点では、ロシアによるクリミア侵攻（二〇一四）やウクライナ戦争（二〇二二～）に近いごり押しといえるかもしれない。マクシミリアンの悲劇には、「近代国家」や「国民」と関わって多様な見方が可能であり、ゆえに、国のかたちを模索した同時代の日本とも無関係ではない。

一八二一年にスペインから独立し、共和制をとってきたメキシコは、軍事独裁やアメリカとの戦争で不安定な状態が続いていた。一八五〇年代後半、独裁に反対する自由主義運動の旗手ベニート・ファアレスが内戦の末にメキシコ大統領に選ばれ、議会政治に基づく自由主義改革を推進した。一八六一年、ファアレスは内戦で疲弊した経済復興のために、欧米諸国が持つ外国債の利息支払いの停止を決めた。これに対する報復が、フランス軍のメキシコ出兵であった。ファアレス政権を支持するアメリカが南北戦争中であったことも、ナポレオン三世の「強気」の一因であったと思われる。一時的に首都メキシコシティを占拠したものの、メキシコ軍のゲリラ戦を前に、当初共に出兵したイギリス、スペインの軍隊はまもなく撤退。長引く戦争でかさむ軍事費にフランスも苦しめられ、やがてナポレオン三世の首を絞めることになる。

メキシコ帝冠を受諾したマクシミリアンは、反対するオーストリア皇帝の兄フランツ・ヨーゼフ一世を「帝位継承権の放棄」で説き伏せ、一八六四年五月、メキシコに渡った。彼にはどこか、自由を愛するロマンティストの一面があったらしい。自らメキシコの風俗や文化に親しみ、自由主義に基づいた君主制の復活を試みた。だが、人びとの賛同は得られなかった。ナポレオン三世は財政難を理由に現地駐留のフランス軍をすべて撤退させ、マクシミリアンを見捨てた。一八六七年二月、メキシコ共和国軍に捕らえられたマクシミリアンは退位を迫られ、それを拒絶したことで、六月に銃殺された。

画家マネによる「皇帝マクシミリアンの処刑」（一八六七、図5‐3）では、マクシミリアンと彼の二人の側近の銃殺を実行するメキシコ共和国軍が、彼ら自身の制服ではなく、フランス軍の制服で描かれている。なるほど、マクシミリアンはフランスに殺された、ということだ。壁の向こうで銃殺を目撃するのは、メキシコ市民だろうか。彼らは、「メキシコ皇帝」の処刑をどう受けとめたのだろうか。

図 5-3　エドゥアール・マネ「皇帝マクシミリアンの処刑」1869

本書第四章で見たように、この銃殺当時、パリでは四月一日開幕の万博の最中で、主催者であるナポレオン三世は我が世の春を謳歌していた頃だ。ナポレオン三世と謁見し、その後もパリに留まって勉学に励む徳川昭武は、マクシミリアン銃殺でフランスに湧きあがったナポレオン三世批判を、第二帝政への弾劾を、どのように聞いたのだろうか。

主権国家と帝国主義が手を結び、そこに生まれる欲望や野望は、一九世紀の世界各地を幾重にもつなぎ、つながったがゆえに人びとの運命を大きく変えたのである。

晩年のレオポルド一世は、愛娘の夫マクシミリアンに惜しみない支援と資金を送っていた。そんな父の死とともに、息子レオポルド二世は、義弟への援助のいっさいを打ち切った。ナポレオン三世と直接面会して夫への支援を訴えた妻マリー・シャルロット、すなわちレオポルド二世の妹は、夫の死で精神を病み、ブリュッセル近郊の小さな城に幽閉されて、一九二七年に亡くなるまでの六〇年間を、「夫を待つメキシコ皇帝妃カルロータ（シャルロットのメキシコ名）」という空想の世界を生きたという。

まやかしのコンゴ国際協会

レオポルド二世は、即位以前から、ヨーロッパ諸国がまだ植民地化していない土地を求めて、北アフリカや中東、中国などを調べ回った。そんな彼が、スタンリーが探検中のアフリカ内陸部、コンゴ川流域からコンゴ盆地にかけての地域に目を留めたのも、ごく自然のことだったかもしれない。だが、ベルギー議会は国王の植民地探しの提案にいっさい関心を示さなかった。それでも、レオポルド二世は、一八七六年、ブリュッセルで文明化とアフリカ探検を考える国際会議を主催し、「アフリカ国際協会」という組織を発足させて、自ら委員長に収まった。その後「コンゴ国際協会」（一八八三）と改称するこの協会は、「国際」どころか、レオポルド二世のまったく私的な組織でしかない。設立趣旨には、「キリスト教伝道や自由貿易を通じてアフリカの文明化を図り、奴隷制度や現地の蛮習を廃止すること」などと謳われているが、それも表向きのことだった。

同協会の看板を背負ったのはスタンリーである。彼は一八七九年から五年契約でベルギー王の代理人となり、交易や布教のための道路や橋の建設、リヴィングストン滝から下流に向かって続くコンゴ川の急流、高低差で生じる激流の航行方法など、植民地建設の指揮を担った。流域の村々を回り、四五〇余りの首長らと「保護条約」という名の貿易独占契約を結び、インフラ整備のための労働力と食糧の確保を差配したのもスタンリーである。現地での労働徴用の見返りとして、スタンリーは、「隣接するフランス植民地では得られない、ベルギー王による特別の保護」をまくしたてたが、それは中身のない嘘だらけ。文字の読めない現地の首長らには、機関銃で脅すスタンリーの説明から「コンゴ国際協会」というまやかしの組織すら、想像することは難しかっただろう。よって、その後何度も現地人との間にトラブルが起きるが、それがとてつもなく残虐な方法で「解決」されていたことが判明するのは、もう少しあと、二〇世紀に入る前後のことである。それまで、「真実」はコンゴの深い熱帯雨林のなかに隠匿されつづけた。

この隠蔽ゆえに、「コンゴ国際協会」は、上記設立目的に賛同する欧米各国の政府・企業の関係者から、それなりの資金を集めることに成功した。一八八一年、コンゴ川の川幅が広がったスタンリー・プール（マレボ湖）に面した場所に、ベルギー王の名を冠したレオポルドヴィル（現キンシャサ）が建設され、上流との物流拠点として喧伝され、欧米の関心を呼んだ。同時期、フランス政府の支援を受けて、ピエール・ブラザをリーダーとする探検隊がフランス領ガボンからコンゴ川の北を東西に流れるオゴウェ川を遡り、マレボ湖北岸にフランスの拠点ブラザヴィルを築いている。コンゴ川右岸（＝マレボ湖北岸）をフランスの植民地として確定したのち、スタンリーはコンゴ川左岸、つまりマレボ湖南岸へと「コンゴ国際協会」の領土を広げた。フランスへの牽制から、イギリスとアメリカは「コンゴ国際協会」を認める方向へと傾いていく。

こうして、アフリカを食い物にする、いやもっとあからさまに食い散らかすあの会議の種がまかれた。

コンゴ自由国

その会議――ドイツ帝国首相ビスマルクが「公平な仲買人」という触れ込みで調停役を買ってでたベルリン会議は、ベルギー国王のコンゴ進出を引き金に、欧米列強間の利害関係を調整し、アフリカを分け合うルールを明確化するために開かれた。参加国は、アフリカでも利害が激しく衝突したイギリスとフランス、一五世紀以来コンゴとの交易の歴史を持つポルトガル、さらにはスウェーデンやノルウェー、ロシア帝国やオスマン帝国など、全一五か国である。アフリカの領土獲得競争に出遅れた開催国ドイツも、ここぞとばかりに南西アフリカ（現ナミビア）、トーゴランド、カメルーン、タンガニーカなどの領有を主張した。調整の難しさは、一八八四年一一月開始の会議が一〇〇日以上も続いたことから推察できよう。

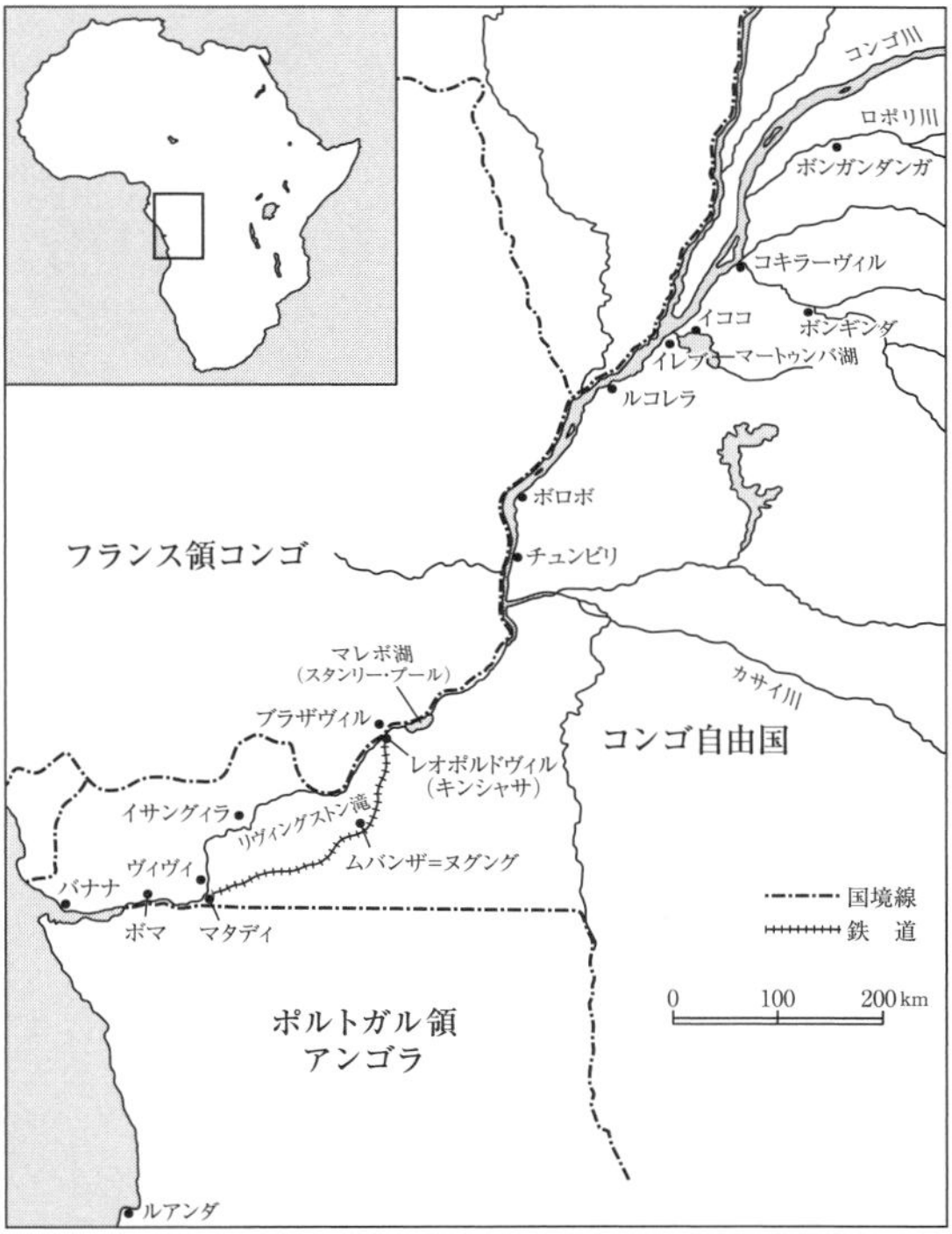

図5-4　コンゴ自由国周辺図（バルガス＝リョサ2021、口絵）

そこでは、アフリカ現地の人びとの利害も実態もまるで考慮されないまま、参加した欧米列強が中心となって進行中の植民地化が確認され、公式に認め合った領土が地図上に明記され、実効支配と占有権という共通ルール（つまりは早い者勝ち！）が共有された。その余波は今なお世界各地で認められ、「近代」が決して「昨日の世界」でないことを教えてくれる。

ベルリン会議では、開催の契機ともなったコンゴを、ベルギー国王の「私領」として承認した。ベルギー本国の約八五倍の土地に国王個人の所有を認めたうえで行われた欧米諸国の駆け引き。なんと理不尽な現実だろう。国王個人の野心が、交易の自由、奴隷貿易廃止、博愛主義などと手を組んだ帝国主義は、ヨーロッパがたどり着いた「近代」の一つの帰結であった。

ベルリン会議の結果を受けて、一八八五年八月、「コンゴ国際協会」の支配領域、すなわちベルギー国王の私有地は、「コンゴ独立国」と改称されたが、この名称よりも「コンゴ自由国」の名で知られている。ベルリン会議で決まった「自由貿易の国」という意味だが、その実態は、自由貿易とも、ベルギー王が強調した「未開の人びとに光を与える博愛主義」ともまったく違っていた。そこでは、ベルギー王のみに資する貿易独占、現地人に対する強制労働と課税、そして住民虐待が横行することになる。

コンゴ盆地の奥深くで暮らす現地人には、ここがコンゴ自由国の領土として「国有化」されたことで、「人頭税」が課せられた。「人頭税」は現地にはなかった、ヨーロッパの課税方法であり、コンゴではゴムの原液を集めるかたちで実施された。原液が規定量に達しなければむち打ち、さらには手首切断といった懲罰が下された。抵抗すれば即座に射殺され、集まって反乱を起こせば「この国の軍隊」が鎮圧に動き、村全体が罰せられた。藤永茂の『『闇の奥』の奥』によれば、そのからくりはこうである。

コンゴ自由国には、地元の集落から駆り集めた労働者が逃げないように、監視に当たる「公安軍」という「この国の軍隊」が置かれた。指揮官は白人で、それ以外は地元コンゴ以外のアフリカ人によって構成されていた。公安軍は抵抗者を容赦なく射殺したが、その際、貴重な銃弾が適切に使用されたことを示す証拠として、公安軍の黒人兵士に提出を義務づけたのが、射殺した住民の手首であったという。手首を切断すれば、人びとの命は助かり、銃弾も節約できる…というわけで、想像するだにおぞましいことが、レオポルド二世の私有地で実際に行われた。一八八五年の自由国発足以来、噂はあっても、二〇世紀初頭までその実態が露見しなかった大きな理由は、当時、銃身の密閉や防水、自転車や自動車のタイヤなど、欧米諸国で急増するゴムの需要にあった。

南米のジャングルに自生するゴムの木は、幹に傷をつけて樹液を採取したが、それでは量が限られていたため、木の伐採が進められた。ゴムの木の枯渇を懸念したイギリスは、一八七六年、ブラジルからゴムの木の種子七万粒をこっそりと持ち出し、王立キュー植物園の温室で栽培を試みた。芽吹いた苗はイギリスの植民地であるセイロン島やマレー半島に移植され、さらに改良が加えられた栽培ゴムは、二〇世紀に入ると、ブラジルの野生種（自然採取）の数倍の生産効率を得て、市場競争力を高めていく。だが、それまでは人間の手によるゴムの原液採取に依拠しており、それはコンゴでも同じだった。

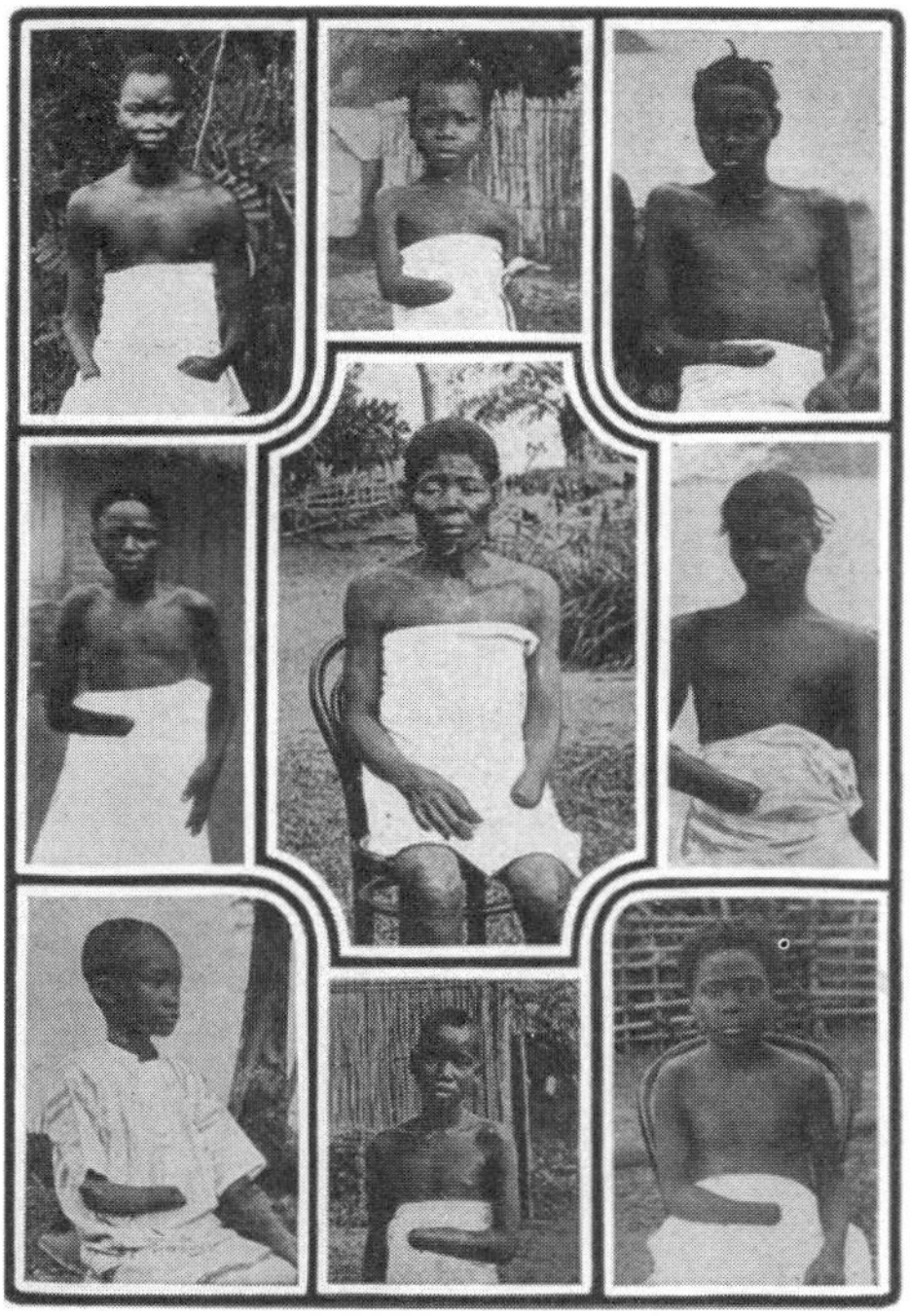

図 5-5　手首を切断されたコンゴの人々
（マーク・トウェイン『レオポルド王の独白』1905）

かつて奴隷貿易の一大集積地で

あったコンゴ川河口は、奴隷貿易廃止後、奴隷に代わって、まずは象牙が目玉商品となった。だが、乱獲により、一九世紀後半、象の数は激減する。代替する交易品が求められた一八七〇年代、コンゴでゴムの木に似た樹液を出すツル植物が発見された。レオポルド二世は採取と独占を画策する。ジャングルの高木に巻きつくツル植物からの原液採取は難しく、採取量のノルマは現地人の肩に重くのしかかった。彼らの犠牲の上に、一八九〇年に一〇〇トン程度であったコンゴ自由国からのゴムの輸出量は、六年後にはその一三倍に、一九〇一年には六〇倍を超え、世界総生産量の一割ほどを占めるようになった。奥地からゴムの原液を運ぶ鉄道建設にも多くの現地人が駆り出され、多くの命が失われた。原液を採取する現地人も列車で運ばれて、その多くが故郷の村には戻らなかった。

だが、自動車の普及によるゴム需要とともに、ブリュッセルが反奴隷制国際会議の開催都市になる（一八八九〜九〇年）など、レオポルド二世の見せかけの博愛主義が、コンゴ奥地の実態を隠蔽しつづけた。

コンゴ改革運動

だが、そんな嘘がいつまでもまかり通るはずがない。コンゴ自由国では「自由貿易」など行われておらず、上記人頭税の仕組みを通じて、この地域のゴムや象牙の採集利益はすべてベルギー国王によって独占されていた。コンゴ盆地では、象だけでなく、現地人の数も激減した。スタンリーが結んだ「保護条約」に定められている（とされた）労働徴用・食糧供用、並びにノルマが達成できなかった村全体への懲罰、個人への虐待行為（先述した手首切断を含む）のせいである。

現地で明白であった現地人虐待の実態が問題化するまでに時間がかかった一因は、ベルリン会議に参加した国々が自分たちの利益を守るために、互いに牽制し合ったことにある。たとえば一八九七年、自由党議員チャールズ・ディルクがイギリス議会で初めてコンゴ問題に触れたものの、当時のイギリス政府はコンゴより南アフリカでの利害を優先させて、ベルギー王に何ら働きかけを行わなかった。たち始めた「噂」を打ち消すために、ベルギー国王がメディアを買収し、ありもしない博愛主義を欧米諸国にアピールしていたことも理由のひとつだろう。コンゴ自由国時代の現地人犠牲者は数百万人規模ともいわれるが、その「確証」がつかめなかったのである。

二〇世紀に入ってまもなく、ベルギー王を告発する国際的な動き、「コンゴ改革運動」が始まる。運動の中心は、ジャーナリストのE・D・モレルとイギリスの外交官ロジャー・ケイスメントであった。

E・D・モレルはリヴァプールの船会社エルダー・デンプスターの社員であり、会社が持つ路線のひとつ、コンゴ川河口のボマとアントワープを結ぶ積み荷に疑念を抱き、密かに調査をはじめた。ボマから大量に積み込まれるゴムの原液が入った容器や象牙に比べて、アントワープからボマに運ばれる商品がまったく釣り合わないのだ。この不均衡から「自由国」の原則であるはずの自由貿易を疑ったモレルは、会社の上層部に訴えるが、重役たちは「証拠不十分」として取り合わなかった。失望したモレルは会社を辞め、イギリスの「反奴隷制協会」や「原住民保護協会」などと協力しながら、コンゴ問題を追及するジャーナリストへと転身し、ベルギー国王に買収された御用メディアと激しく対立した。コンゴ自由国の実態を暴いたモレルの『赤いゴム』（一九〇六）はベストセラーとなり、国際世論を一気にレオポルド二世批判へと傾けた。

一方、ケイスメントは、モレルと同じエルダー・デンプスター社に勤務する叔父のつてで同社内勤ののち、一八八四年から三年間ほど、スタンリー率いる「コンゴ国際協会」の公募に応じて遠征隊に加わり、初めてアフリカの地を踏んだ。このとき、彼はすでに、道路建設に動員される現地人の強制徴用を現場で目撃していたと思われる。その後西アフリカのイギリス領事館を転々とした彼は、南アフリカ戦争後の一九〇二年、ようやく重い腰を上げたイギリス政府が調査命令を下したとき、コンゴ自由国領事の役職に在った。

一九〇三年、コンゴ川を遡って調査に乗り出したケイスメントは、ジャングルに踏み込んでまもなく、ある違和感を覚える。わずか二〇年のうちにコンゴ奥地の村々から住民の姿が消えている！　その理由を求めて、現地の言葉に堪能な彼は村々を歩き回って証言を集め、聞き取り調査を行い、レオポルド二世が隠しつづけてきた実態を報告書にまとめ、イギリス議会に提出した。ケイスメント自身は、コンゴというアフリカ経験のなかで自分の故郷であるアイルランドの「植民地的状況」への認識を深めていき、アイルランド独立闘争に身を投じることになる。

モレルとケイスメントが合流して設立された「コンゴ改革協会」（一九〇四）は、コナン・ドイルやマーク・トウェインといった著名人が加わったことで、コンゴ自由国内の現地人虐待の実態を欧米諸国に強くアピールすることに成功した。レオポルド二世の欺瞞はじょじょに暴かれ、一九〇八年、ベルギー議会は、コンゴ自由国をレオポルド二世の私有地からベルギー領へと転換した。だが、この転換が、植民地コンゴの強制労働や徴税実態を変えることはなかった。

ジョージ・ワシントン・ウィリアムズ――「ターザン：REBORN」

実はモレルに情報提供した宣教師たち、独自調査を行ったケイスメントよりもずっと前に、コンゴの奥地で起きていることに気づき、レオポルド二世に警鐘を鳴らした人物がいた。アメリカの元軍人で、退役後に神学を学んでバプティスト派の宣教師となったジョージ・ワシントン・ウィリアムズ（一八四九〜一八九一）である。法学、歴史学に業績のある学者でもあった。

自由黒人として生まれたウィリアムズは、一四歳で北軍に入隊して南北戦争を戦った後、メキシコに渡って共和国軍に参加し、「皇帝」マクシミリアンを追い詰めた。一八六七年四月にはアメリカに戻って陸軍に入隊しており、ウィリアムズ自身はマクシミリアンの銃殺を目撃していないと思われる。だが、マクシミリアンがレオポルド二世の義弟であったという個人的な関係を重ね合わせると、ウィリアムズがレオポルド二世の「欲望の塊」であったコンゴ自由国の実態暴露に極めて早期に動いたことは、単なる偶然ではない「因縁」を感じさせる。

けがで陸軍を退役したウィリアムズは、上記のようにバプティスト派の牧師に叙階されていくつかの教会で務め、オハイオ州議会では初の黒人議員（一八八〇〜八一）ともなった。一八八五年にはハイチ公使に指名されたが、実現しなかった。

一八八九年一一月、ウィリアムズはブリュッセルで開かれた反奴隷制国際会議に出席し、レオポルド二世と面会した。その際、ベルギー国王がコンゴ自由国で展開する（と聞かされた）博愛活動に感激した彼は、アメリカ黒人のコンゴ動員を提案している。この会議の終了後、ウィリアムズは、「現地人の知識増進、福祉確保のための誠実で実践的な努力、現地人育成の試み、博愛的事業」（一八九〇年の「ウィリアムズの公開書簡」より）の成果をぜひとも見たいと思い、コンゴ自由国を訪れた。だが、そこで彼が目撃したのは、奴隷制廃止とともに消滅したと思われていた「野蛮」の光景――自由国のベルギー人役人の横暴と怠慢、現地人に対する強制労働や暴力的な懲罰の数々であった。

ウィリアムズは、自分が観察、見聞したことを広く世界に知らせるべく、レオポルド二世への公開書簡（正式名称は「ベルギー王にしてコンゴ独立国の元首であるレオポルド二世閣下への公開書簡」）を発して、コンゴ自由国を弾劾した。世界各地の主要紙に掲載された彼の公開書簡には、「一八九〇年七月一八日、中央アフリカ、スタンリーの滝にて」とある。

自由国下のコンゴ問題を克明に描いたアメリカの歴史家、アダム・ホックシールドの『レオポルド王の亡霊』（一九九八）によれば、ウィリアムズはすでに、レオポルド二世宛ての「親展」で、自分が目撃したものを「人道に反する罪」として告発していたという。この犯罪概念がナチスによるユダヤ人虐殺に当てられたニュルンベルク国際軍事裁判（一九四五～四六）の半世紀以上も前の話である。

公開書簡は、「第一に、陛下の〔コンゴ自由国〕政府は、一五〇万八千平方マイルの領土、七二五一マイルの航路、三万一六九四平方マイルの湖面を統治するために必要な、道徳的、軍事的、財政的な能力に欠けている」に始まり、一二の批判点を指摘している。いずれも具体的で論点明解である。エルダー・デンプスター社の重役らが求めた「虐待の証拠」は、「コンゴ改革協会」設立の一〇年以上も前の一八九〇年、確かに存在し、知られていたはずである。

公開書簡は、ベルギー国王とともに、ベルギー国民に、キリスト教世界の反奴隷制協会や欧米諸政府に、そして天上の神に、コンゴの実態を訴えたものであった。だが、書簡の名宛人であるベルギー国王はもちろん、欧米の関係者らがこの書簡に反応することはなかった。なぜなのか。それは、白人のベルギー王を告発するウィリアムズが黒人であったことと無関係といえるだろうか。

失意のウィリアムズは、公開書簡を出した翌年、イギリスの港町ブラックプールで亡くなった。アメリカのフィリピン併合に反対するアメリカ反帝国主義連盟（一八九八年設立）よりも八年早く、南アフリカ戦争を取材したイギリスのジャーナリスト、J・A・ホブソンの『帝国主義——ある研究』（一九〇二）より一二年も早くに、欧米諸国の愚行に気づいたウィリアムズは、その後、歴史の忘却のかなたへと消えた。

コンゴでの蛮行の最初の告発者としてジョージ・ワシントン・ウィリアムズが再び（いや初めて、だろうか）脚光を浴びるのは、先に紹介したアダム・ホックシールドの世界的ベストセラー、『レオポルド王の亡霊』によってであった。この本にヒントを得て作られたのが、二〇一六年公開の映画「レジェンド・オヴ・ターザン」（邦題「ターザン：REBORN」）である。

アメリカの作家エドガー・ライス・バローズが創作したキャラクター、ターザンは、生後まもなく両親を亡くし、アフリカのジャングルで類人猿によって育てられた。今回の映画では、ターザンと同名の父、グレイストーク卿ジョン・クレイトンの赴任先だった西アフリカ、すなわちターザンの育ったジャングルが、コンゴ自由国に設定されている。ウィリアムズは、結婚して静かに暮らすターザンを、イギリスからコンゴの奥地へと連れ出す重要な役割を担っている。ウィリアムズは、「レオポルド二世の現地人搾取の実態調査に同行してほしい」とターザンを説得して、ともにコンゴ奥地に分け入るのである。そこに、宣教師の娘としてアフリカで育ったターザンの妻ジェインも同行する。

荒唐無稽なストーリー運びかもしれないが、ターザンを二一世紀によみがえらせるために、コンゴ自由国を告発するウィリアムズの公開書簡を使うとは、なんとも心憎い演出である。あの「アーアアー！」という独特の雄たけびが、忘却のかなたから取り戻してくれる記憶もあるのだ。

ブリュッセル万博のコンゴ人展示

話をレオポルド二世に戻そう。

一八九七年、ブリュッセルで開催された万国博覧会で、レオポルド二世は、ブリュッセル郊外の王領地テルヴレンにコンゴで収集した品々を展示するための特別会場を設置した。

第四章で見たように、一九世紀後半、欧米での開催が定例化、定式化された万国博覧会では、科学と娯楽がクロスオーバーする空間として、「人間の展示」が広く来館者の興味を集めるようになった。ブリュッセル万博も例外ではない。このときはコンゴから二六七人の男女、子どもたちが連れてこられ、万博開催の数カ月間、会場の庭園に作られた藁葺き屋根で暮らす様子が展示された。村は三つに分かれ、「森の村」では太鼓を使った民俗芸能が、「川の村」では池でカヌーを漕ぐ様子が、そして「文明の村」ではコンゴ自由国の制服を着た男たちによる軍楽隊の演奏が、期間中にここを訪れた一〇〇万人の歓声を誘った。この展示会場は、翌一八九八年から「コンゴ博物館」として常設化された（一九一〇年

図 5-6　ブリュッセル万博ポスター（1897）

からは王立)。

進んだ欧米諸国と遅れたそれ以外の地域という二項対立で世界を捉える目線は、植民地の独立によって払拭されるものではない。ベルギー領コンゴがコンゴ共和国として独立した一九六〇年(一九六四年からはコンゴ民主共和国、一九七一～九七年はザイール共和国、その後再びコンゴ民主共和国となり現在に至る)、同博物館は「王立中央アフリカ博物館」に改称されたが、展示の本質に変化はなかった。一二万とも一三万ともいわれる所蔵品の九割近くがコンゴから無断で持ち出されたものであり、象やキリンなど動物の剥製も多い。ゴムに似た原液を出すつる植物は展示されたが、原液収集のために行われた強制労働の仕組みやノルマ達成のための非人間的な懲罰、その膨大な犠牲者については、何も触れられなかった。『レオポルド王の亡霊』の著者ホックシールドは、その不自然さを、「それはベルリンのユダヤ博物館がホロコーストにまったく触れないのと同じ」と表現している。それとは対照的に、博物館正面に置かれた黄金の宣教師像は、「ベルギーによるコンゴの文明化」の表象でありつづけてきた。

文化財返還の二一世紀?――食い散らかしたあとに…

王立中央アフリカ博物館でようやく「展示の脱植民地化」をめざす改装が始まったのは、二〇一〇年代のことであった。五年をかけた改装の評価はここでは控えたい。二〇一八年一二月のリオープンあたって注目を集めたのは、その前日、「この博物館の所蔵品を、キンサシャに建設中のコンゴ国立博物館に返還する予定」という博物館の記者発表であった。二〇二二年四月には、韓国政府の支援を受けて完成したコンゴ国立博物館に、中央アフリカ博物館の約七割、八万点余りの所蔵品の返還が、ベルギーとコンゴ民主共和国の政府間で合意された。コンゴ独立六〇年を記念する二〇二〇年の書簡で、レオポルド二世時代の残虐行為を認めた現ベルギー国王フィリップ（在位二〇一三〜）は、二〇二二年六月、レオポルド二世が一度も足を踏み入れることのなかったコンゴを訪れ、首都キンシャサで「ベルギー支配に対する深い遺憾の意」を表明した。

二〇二〇年五月下旬からヨーロッパ各地で高揚したBLM運動のなかで、アントワープ市内のレオポルド二世の彫像は放火され、さらに血を思わせる赤いスプレーが吹きつけられた。「デジタル・ネイティヴ」と呼ばれるZ世代の若者たちはその画像や動画を世界中に拡散させて、忘れられていたコンゴ自由国の記憶をわたしたちの世界に引きずり出した。彼らが奴隷貿易、奴隷制度、植民地主義を一直線上に捉えてその人種主義を批判し、関連するさまざまな為政者や偉人の像にその「罪」を問おうとしたことは第三章で見た。その余韻のなかで、コンゴから奪った文化財返還の具体的な約束が取り交わされたのである。

二〇一〇年代以降、ヨーロッパ諸国では、アフリカから奪った文化財、及び遺骨の返還をめぐる議論が続いている。かつてヨーロッパ諸国はアフリカやアジアに無知蒙昧という「闇」を見て、そこに光を当てようと、啓蒙思想のなかで人種主義を洗練させた。二一世紀の今起こっているのは、その逆——ヨーロッパ諸国が主導した「近代の闇」に光を当てる作業である。そこでは、文化（財）を奪った者、奪われた者の子孫たちが、奪われた人間の命の重さ、モノたちが現地の人びとに有していた文化的、宗教的、社会的意味を問い直しながら、和解、返還、補償をめぐって試行錯誤をくり返している。

忘れてはならないことは、このプロセスが、ヨーロッパ近代をモデルに主権国家への道を切り拓いてきた日本にも求められていることだ。まずは周囲を見渡してみよう。そして、未だ「闇」をさまよう「レオポルド王の亡霊」たちに目を凝らそう。わたしたちは彼らとどのようにつながっているのだろうか。

二、第0次世界大戦としての南アフリカ戦争

「クリスマスまでに帰ってくるよ」

一八九九年一〇月半ばに南アフリカ戦争（第二次。ボーア戦争とも呼ばれる）が始まったとき、イギリスの兵士たちは口々にこう言って戦地に赴いた。「クリスマスまでに帰ってくるよ」――その後を知っているわたしたちからすれば、この楽観、その自信がどこから来るのか、とても不思議である。その年のクリスマスが過ぎても、翌年のクリスマスが来ても、その次の年に二〇世紀という新しい世紀が訪れても、南アフリカ戦争は終わらなかった。泥沼化する戦場で、「二〇世紀の戦争」もまた準備されたといえる。

奇しくも同じ言葉は、一九一四年八月、のちに第一次世界大戦と呼ばれる、当時は「大戦争（グレート・ウォー）」と呼ばれた戦争の開戦でもくり返された。その意味で、南アフリカ戦争は第一次世界大戦の前哨戦、語弊を恐れずに言えば「第0次世界大戦」であったと見ることもできよう。

「クリスマスまでに帰ってくるよ」――それは、一九世紀の戦争から二〇世紀の戦争への変質を端的に語っているのかもしれない。この変質を経験したツヴァイクは、（自分を含めて）人びとが同じような言葉を口にし、燃えあがるような思いを抱いて出征した第一次世界大戦の勃発時を、第二次世界大戦の開戦時と比較してこう綴っている。

一九一四年の戦争は、現実というものを少しも知らなかった。それはまだひとつの妄想、もっと良い、正しい、平和な世界、という夢想に仕えるものであった。そして知識ではなく、妄想のみが幸福にす

図 5-7　第一次世界大戦開戦時のオーストリア・ハンガリー帝国の若者たち。頭部につけた飾り（左はその拡大）に注目。(2014 年 8 月、筆者撮影)

> るのである。それゆえあの頃には犠牲者たちが、酔い痴れたように屠殺台に向って行進し、歓呼したのである。花の冠を戴き、鉄兜のうえに槲の葉をつけて、それゆえに街頭は祭りのときのように、どよめき、輝いていたのである。
>
> （ツヴァイク『昨日の世界』上、三三六頁、傍点は引用者）

はて、「花の冠を戴き、鉄兜のうえに槲〔カイ、かしわ〕の葉をつけて」とは何か。この意味を教えてくれるのは、オーストリア・ハンガリー帝国の首都ウィーンにある戦争博物館である。ここには、若者たちが図5-7のような飾りをつけて自慢げな姿を収めた集合写真が数多く展示されている。なるほど、確かにそこには、祭りにでも行くような華やいだ空気が漂っていたことだろう。

戦争博物館を彩るこの飾りと写真の数々は、わたしたちの心をざわざわと、どこか落ち着かない気持ちにさせる。この大戦で、オーストリア・ハンガリー帝国では一二〇万人を超える兵士が戦死し、民間人にも五〇万人近い犠牲者が出たことを知っているからである。この数字は「ヨーロッパ近代」がたどりついたひとつの帰結といえる。

そのことを先取りしたのが、文字通り、一九世紀最後の戦争、かつ二〇世紀最初の戦争（のひとつ）となった南アフリカ戦争である。一八九九年一〇月に始まった戦争が一九〇二年五月まで終わらなかったのは、この戦いのなかで、ヨーロッパ（欧米諸国）が馴れ親しんできた自分たちの世界、「近代」とは異なる「何か」が芽生えはじめていたせいだろう。

その「何か」は、こんなかたちを取っている。イギリスのみならず、カナダ、オーストラリア、ニュージーランド、インドといった植民地からの援軍を必要とした「帝国の戦争」。現地で大々的に展開されたゲリラ戦や塹壕戦。民間人を広く巻き込んだ農場や家屋の焼き討ち。膨大な数の捕虜を収容する施設の設置。兵士以外の民間人の強制収容とその顚末。一八七〇年代からアメリカの牧場や農場の境界に使われはじめた有刺鉄線も、南アフリカ戦争の戦場と収容所周辺で広範囲に使われた。これらはいずれも二〇世紀の戦争を構成する要素でもある。

加えて、南アフリカ戦争は、よく言われるように「二つの白人」――オランダ系農民の子孫ボーア人（アフリカーナー）とイギリスからの入植者――の戦争ではなかった。上記の要素を駆使したイギリスの戦闘方法は国内外から非難を集め、ボーア側を支持する義勇兵が広くヨーロッパ諸国、アメリカやロシアからも駆けつけたからである。それは文字通りの国際戦争であった。しかも、「二つの白人」の支配地域では、現地アフリカ人がさまざまに巻き込まれ、生活も命も犠牲になったのに、この戦争におけるアフリカ人の存在はごく最近まで看過されてきた。そこにもまた、植民地から非白人を兵士として、あるいは物資調達や塹壕を掘る労働力として強制動員しつつ、その存在も犠牲も忘れた第一次世界大戦と同じ構図が認められよう。

いろいろな意味で、南アフリカ戦争は第一次世界大戦と陸続きであり、本章タイトルに掲げた「第0次世

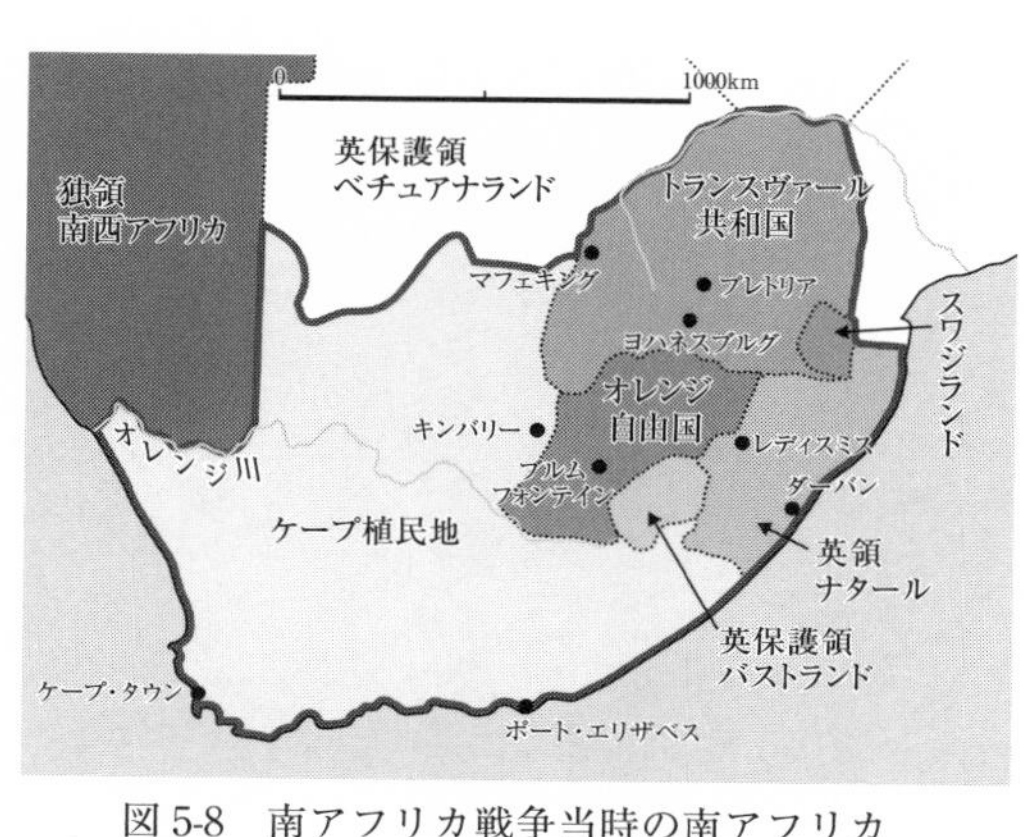

図 5-8　南アフリカ戦争当時の南アフリカ

界大戦」だったのである。

セシル・ローズの野心

南アフリカ戦争は資源をめぐる典型的な帝国主義戦争として始まった。

一九世紀半ば、ヨーロッパ各地で希求された主権国家建設の動きは、大西洋の向こう岸のアメリカ合衆国やラテンアメリカ諸国のみならず、ここ南アフリカでも認められた。ナポレオン戦争中に英領となった南部のケープ、そして一八四三年以来の英領である東部のナタールに押されるように、北へと移動したボーア人たちは、一九世紀半ば、プレトリアを中心とするトランスヴァール共和国（一八五二。正式名南アフリカ共和国）、ブルムフォンテインを中心とするオレンジ自由国（一八五四）を建国した。

だが、他の非ヨーロッパ地域同様、南アフリカでも、現地の多様な民族集団によって、入植したヨーロッパ人の対立もまた複雑化する。一八六〇年代、オレンジ自由国のキンバリー周辺でダイヤモンド鉱脈が発見されると、グリカと呼ばれる現地人は、その所有権と引き換えにイギリスに保護を求めた。軍事介入したイギリスは、キンバリーをケープ植民地に組み込む。次いでヨハネスブルク周辺、ヴィットウォータースランドで大規模な金鉱脈が発見され、その開発が本格化する一八八〇年代、トランスヴァール共和国とその併合を目論むイギリス領ケープ植民地の間で武力衝突が起こった（第一次南アフリカ戦争）。こうした歴史に加えて、一八九九年の第二次南アフリカ戦争勃発に向かう一進一退の攻防のなかで、ボーア人たちには、イギリス系入植者による「被害者」意識が育まれていったと思われる。そのことが、ボーア人もまた、イギリスや他のヨーロッパ諸国同様、人種主義や植民地主義を通じて現地人に対する「加害者」であったという事実を希薄化させてしまったのだろう。

コンゴ自由国のレオポルド二世同様、あとさき考えずに南アフリカの土地や資源、人びとの生活や文化を食い散らかすヨーロッパの象徴的存在が、「南アフリカの巨人」とも「アフリカのナポレオン」とも呼ばれたセシル・ローズ（一八五三〜一九〇二）であった。

一八八〇年にローズが立ちあげたデビアス鉱山会社は、ユダヤ人財閥ロスチャイルド家などとの協力、合併により、一〇年足らずで全世界のダイヤモンド産出額の九割近くを独占するまでに成長する。世界最大の採掘量を誇るキンバリーのダイヤモンド鉱山を掌中に収め、一八八九年には現地人に対する警察権と統治権を持つ国策会社、南アフリカ会社を設立したローズは、翌九〇年、ケープ植民地の首相にまでのぼりつめた。一八九四年、この国策会社はトランスヴァール共和国の北、ンデベレやショナといった現地部族が暮らす土地を征服して管轄下に置き、ローズの名にちなんで「ローデシア」と命名した。同年、ローズ率いるケープ植民地議会は、地中深くに存在する金鉱脈を掘り、金を含む岩石を採掘、運搬、粉砕する大量の労働力を確保するために、「グレン・グレイ法」を制定した。黒人の居住地域を限定したうえで地域内にある程度の自治を認めるこの法律は、もともと、その名の通り、グレン・グレイという東ケープの一地域に適用されたものだったが、その後南アフリカ全土に黒人の居住を制限する類似の法律が拡大したことから、アパルトヘイト体制の原点とみなされている。

世界史の教科書では、セシル・ローズの欲望が図5−9で示されていることが多い。ポーズの元になったのは、紀元前三世紀ごろ、太陽神ヘリオスを象って作られたとされるエーゲ海の大理石像、ローズ（Rhodes）と同じ綴りの「ロードス島の巨像」である。巨像は半世紀余り後に地震で倒壊してしまい、遺構も残骸も残っておらず、世界七不思議のひとつとされる。古代建築としてはただただ大きく、それが人びとの想像力をさまざまにかきたててきた。この風刺画のローズも非常にでかく、左足でカイロ、右足でケープタウンを踏みしめ、ライフルを背負い、つまり武力を使って、両手でつかんだ電信網でアフリカ大陸の南北を結ぼうとする。南アフリカの鉄道、電信、そしてこの二つと不可分の新聞メディアを押さえた彼の帝国主義の基本がここにある。

図5-9　諷刺雑誌『パンチ』に描かれたセシル・ローズ（1892.12.10）

ローズの欲望を語る言葉はあちこちに残っている。

より多くの領土を獲得するためにあらゆる機会を捉えることは、わたしたちの義務である。領土が増えること、それは単純にアングロ・サクソン民族が増えること、世界が有する最上で、最も人間的、最も名誉ある民族が増えるということである。わたしたちはこの考えを常に目の前に置いておかなければならない。

（セシル・ローズ『信条告白』一八七七年）

夜、頭上に見えるこの星々を、私たちが決してたどり着けないこの広大な世界を思うと、できることなら惑星を併合したい、そんなことをよく考える。惑星があんなにはっきり見えるのに、あんなに遠いなんて、悲しくなる。

（セシル・ローズ『最後の遺言』一九〇二年）

セシル・ローズは六回にわたって遺言書の更新をくり返しており、更新の端々に彼の欲望が、帝国拡大への熱情が感じられる。ローズ自身は、一八九五年、トランスヴァール共和国のポール・クリューガー大統領政府を倒そうと、国境侵犯（未遂）事件を引き起こし、発覚して責任が問われ、失脚した。だが、彼の失脚で何かが変わることはもはやなかった。第二次南アフリカ戦争への導火線はすでに点火されていた。

マフェキングの解放と群衆心理

イギリスを出るとき、多くの兵士や将校が共有していた「クリスマスまでに帰ってくるよ」という楽観的な見通し（これを第一フェーズとしよう）は、戦場である南アフリカの地理を熟知するボーア軍によって、すぐさま崩れ去った。一八九九年一〇月の開戦まもなく、キンバリー、レディスミス、マフェキングといったイギリス軍の拠点はつぎつぎとボーア軍に取り囲まれ、補給を絶たれて孤立した。ボーア軍の包囲網を解く――これが戦争の第二フェーズとなった。この局面を象徴するのは、一八九九年一〇月一三日以来、二一七日間に渡って包囲されたマフェキングが、一九〇〇年五月一七日、最終的に包囲網を突破したことである。

その翌日夕刻、「マフェキングの解放」の知らせがイギリスに届くと、人びとはつぎつぎと路上にくり出し、どよめき、歓声をあげて大騒ぎを始めた。その様子から、「大げさに大声で騒いで喜ぶ」を意味する新しい英語、「maffick/mafficking」が生まれた。新しい言葉を必要とするほど、この社会現象はそれ以前にない、少なくとも既存の言葉では表現できないニュアンスを含んでいたことになろう。そこには、戦争に対する人び

図5-10　ドイツに宣戦布告した1914年8月4日夜のバッキンガム宮殿前
（『デイリー・ミラー』1914.8.6）

との気持ちの変化があったのではないだろうか。

そもそも、「マフェキングの解放」はなぜあれほどイギリス人を熱狂させたのだろうか。

戦争への熱狂——それを考えたときにすぐに思い浮かぶのは、それから一〇年余り後、グレイ外相の議会演説（一九一四年八月三日）の翌日、イギリス政府が「開戦やむなし」と、ドイツ帝国に宣戦布告した夜のことだ。人びとはやはり路上にくり出し、広場に集まり、開戦に狂喜乱舞した。バッキンガム宮殿前（図5-10）でも、そしてヨーロッパ各地でも、似たような光景がくり広げられた。戦争に「マフィッキング」する構図は、何を意味しているのだろうか。

一九〇〇年五月の「マフィッキング」を目にして、「あれはいったい何なのか」と群衆の姿に違和感を覚えたのは、ジャーナリストのJ・H・ホブスンであった。この戦争開始直前、『マンチェスタ・ガーディアン』の記者として南アフリカを取材し、セシル・ローズの政治・経済支配の様子、彼の野心を目撃、観察し、戦争の大義を考えつづけたホブスンは、『帝国主義』（一九〇二）を著し、そこに欧米列強の過剰な資本蓄積、資本輸出という経済的要因を認めた。彼には、そんな大義なき戦争に熱狂する人びとのばか騒ぎは、彼が知る南アフリカ現地の現実とはあまりに相容れないものであった。ホブスンはそこに、愛国心を意味する英語（patriotism）では説明できない「新しい愛国心」のかたちを見出す。排外的で攻撃的、好戦的なその愛国心に、ホブスンは「ジンゴイズム（jingoism）」という新しい言葉を当てた。それは、一九世紀半ば以降、都市の労働者の娯楽施設として一世を風靡したミュージックホールのヒット曲、露土戦争時（一八七七〜七八）に大流行した曲のコーラス部分でくり返される、「バイ・ジンゴ！」という意味のない言葉にちなむ。

おれたちゃ戦いたくないけれど、バイ・ジンゴ！　もし戦うならば、
おれたちゃ船だって、兵士だって、金だってある
熊野郎とは前に戦ったことがある
おれたちゃ本物のイギリス人、
ロシア人にコンスタンチノープルをくれてなるものか！

「熊野郎」とはロシア人のこと。クリミア戦争（一八五三〜五六、イギリス参戦は一八五四年）でロシアを負かした経験に触れながら、南下するロシアとバルカン半島の支配をめぐって戦うトルコを支持した歌である。国際情勢や植民地の出来事を舞台でとりあげたミュージックホールは、威勢よく「やっつけろ！」と声をあげて、労働者たちの素朴な愛国心をくすぐった。戦争が娯楽のネタになるのは、自分たちが危険な戦場ではなく、安全な場所にいるからである。他人事のように無責任に、「やっつけろ！」と集団で叫ぶことの愚かさ。集団のなかに埋没しながらふりかざす愛国心の攻撃性。ホブスンはそれを「マフェキングの解放」のばか騒

ぎに認め、その名も『ジンゴイズムの心理学』(一九〇一)と銘打った著作で世に問うた。

街頭で愛国心をふりかざす群衆に着目したホブスンの分析は、ほぼ同時期に刊行されたフランスのギュスターヴ・ル・ボン『群衆心理』(一八九五)と合わせ鏡で考えると面白い。ル・ボンは、フランス革命で見られた残酷な行為、ナポレオンへの熱狂といった歴史的事例から、集団化したときの人びとの行動に着目した。いうなれば、ヨーロッパ近代が育んだ現象として、「群衆」を考えたのである。ル・ボンは言う。群衆は感情的で衝動的で無責任であり、暗示を受けやすく、物事を深く考えず、見せかけに騙されやすい。しかも、彼らの間で感情も行為も感染する。

これらの言葉は、「マフェキングの解放」に陶酔する人びとにあてはまる。そしてその姿は、わたしたちの世界に普及した「ポピュリズム」という言葉とも無縁ではないだろう。

第一次世界大戦開戦とともに「熱にうなされ、猛り狂う」群衆を目にしたツヴァイクは、「理性が身を売ること」に抵抗して「自分のなかに引き籠って沈黙すること」を選んだ、と記している。

ゲリラ戦と捕虜収容所

第一フェーズから第二フェーズにかけて、つまり「マフェキングの解放」に至るプロセスで、イギリス軍は一八万人もの兵力増員を図り、攻勢に転じた。その結果、イギリス軍は、マフェキングの解放の二か月前にはオレンジ自由国の首都を、マフェキングの解放の一か月足らず後にはトランスヴァール共和国の首都を陥落させ、一九〇〇年九月、後者の併合を宣言した。

それは、植民地戦争の歴史に名を残す名将を続々と戦線に送り込んだ「成果」でもあった。この戦争のツートップ、インド大反乱（一八五七～五九）を鎮圧したフレデリック・ロバーツ陸軍元帥、スーダンのマフディーの乱鎮圧（一八九八）で知られるキッチナー将軍はその好例である。ロバーツが病気で戦線を去ったため、一九〇〇年末以降、第三フェーズを迎えた南アフリカ戦争のイギリス軍総指揮官となったのは、キッチナーであった。

ホレイショ・ハーバート・キッチナー――彼こそ、南アフリカ戦争と第一次世界大戦が陸続きであったことを示す存在である。第一次世界大戦勃発後、正面を向いて、「イギリスは君を求めている！」とこちらを指さすあのポスター（図5-11）の人物が彼だ。徴兵制がなかった当時のイギリスで、陸軍大臣の彼がリクルートを呼びかけるこのポスターは、その強烈なインパクトで注目され、あちこちで模倣された。

だが、正規軍の敗北でイギリスとの和解交渉が始まっても、投降に応じないボーア人が少なくなく、彼らはゲリラ戦に転じた。それが、南アフリカ戦争の第三フェーズを複雑化させ、かつ長びかせることになる。以後一八か月ほど続く「敵の顔が見えない戦争」のなかで、ボーア人ゲリラは、線路を爆破し、道路を寸断し、捕虜にしたイギリス兵の軍服を奪って変装するなど、イギリス軍を翻弄した。イギリス側は、ゲリラたちの家族や支援者を一掃するため、多くの農場を焼き払う焦土作戦を展開した。戦闘員でない女性や子ども、老人らも、当初は彼らの保護を謳った「強制収容所」に送られた。

図 5-11　キッチナーの募兵ポスター（1914）

「強制収容所」という言葉でわたしたちが真っ先に想

起するのは、第二次世界大戦中のナチス・ドイツによるユダヤ人大虐殺、ホロコーストだろう。とはいえ、この言葉自体は、一九世紀後半、スペインからの独立を図るキューバ戦争（一八六八〜七八）のなかで使われている。その本格的な「活用」が見られたのが、一九〇〇年秋以降、ボーア人によるゲリラ戦が展開された南アフリカ戦争の戦場であった。

図 5-12　エミリー・ホブハウス（1860-1926）

農場や家を失って投降したボーア人の収容施設では、投降者数の急増によって衣食住や衛生面での環境が急激に悪化し、感染症の発生や栄養失調などで多くの死者を出した。とりわけ子どもたちに犠牲者が多かったことで、イギリスは国際的な非難を浴びた。一九〇一年六月、イギリス議会で初めてこの問題がとりあげられたとき、議論の根拠となるデータを提供したのは、「南アフリカ和解委員会」と「南アフリカの女性と子どもの救済基金」による現地調査であった。

実際に現地南アフリカで調査を担当したのは、エミリー・ホブハウス（図5-12）という女性である。母の死後、一五年近く介護してきた牧師の父を看取ったのち、メキシコで福祉関係の仕事に就いて人生の再起を図ったが、そこで彼女は婚約破棄と破産を経験する。失意の彼女は、一八九八年にイギリスに帰国。そんな彼女に「南アフリカ和解委員会」の代表を務める自由党議員が声をかけ、女性支部の委員長を任されることになった。派遣直前に「南アフリカの女性と子どもの救済基金」を設立した彼女は、今回の調査派遣を「女性同士の絆というごく自然な感情に従って」と語っている。

ケープタウンに到着後、彼女は、ケープ植民地やオレンジ自由国に数を増やしつつあった強制収容所を三か月余りかけて丁寧に回り、調査結果をまとめ、改善策を模索した。一九〇一年六月に公表されたホブハウスの報告書は、先述のように議会で引用されて、国内外に衝撃を与えた。とりわけ劣悪だったのは、オレンジ自由国のブルムフォンテインの収容所状況である。彼女はこう書いている。

数多くの人びとが小さなテントに詰め込まれている。病気の者もいれば、死にかけている人もいるし、彼女たちの間には時々死者も混じっている。わずかな食糧は生のままで配られ、燃料がないため調理もできない。飲み水、調理、洗濯に使う水がない。石鹸もブラシも、そのほか身体を清潔に保つための用具もない。むき出しの地面から身体を守る寝具もベッドもない。身体を温める衣類もなければ、多くの場合、品位を保つために身に着ける衣類もない。

（エミリー・ホブハウス『南アフリカ救済基金宛て、ケープ並びにオレンジ川植民地における女性と子どもの収容所訪問報告書』一九〇一より）

敵国であるボーア人共和国に有利に働くホブハウス報告には、イギリス国内で多くの批判や敵意が寄せられた。この戦争と関わるイギリスの植民地省と陸軍省も、民間人のホブハウス報告に不満だったのだろう、その真偽を明らかにするために「女性委員会（レディース・コミッティ）」の派遣を決めた。目には目を、女性には女性を…ということか。

政府は「女性委員会」の委員長として、当時女性参政権運動のリーダーで、ボーア人嫌いを公言していたミリセント・フォーセットを指名した。その他は将校の妻や娘、女性工場視察官、女医であり、ホブハウスは六名の委員のなかに選ばれなかった。ホブハウスはその理由を陸軍省に問い質したが、まともな返事が返ってくるはずもない。彼女は「女性委員会」を追うように、一九〇一年一〇月、独自にケープタウンに向かったが、上陸許可は下りず、沖合の船のなかに留め置かれた。彼女の心中はいかばかりだったろうか。

強制収容所を公式に視察したフォーセット委員長ら「女性委員会」は報告書をまとめ、翌年二月の議会で公表、討論の資料とされた。同報告によれば、強制収容所では、一九〇一年八月には二七〇〇人近く、一〇月には三二〇〇人余りの死者が確認され、一〇〇〇人中の死者の割合は三〇〇人を大幅に超えた。同時期（一九〇一年七月〜九月）、労働者の劣悪な生活環境が問題視されていたイングランド北部の工業都市、ニューカースル（一〇〇〇人中二五人）やリヴァプール（一〇〇〇人中二三人）を大幅に上回る死亡率である。ホブハウス報告が正しいことはこうして確認された。

この戦争の公式記録によれば、一九〇一年九月までに、南アフリカに設置されたボーア人（白人）強制収容所は全三四か所、収容者数は一一万六五七二人。当時の二つのボーア人共和国の人口は、トランスヴァール共和国約一四万八〇〇〇人、オレンジ自由国約七万一〇〇〇人、合わせて二二万人ほど。すなわち、ボーア人の半分余りが収容され、うち、一九〇二年五月の休戦までに、二万六〇〇〇人余り（主に女性と子ども）が亡くなった。

だが、こうした南アフリカ戦争の強制収容所の実態が広く歴史的事実として知られるようになるのは、戦争勃発一〇〇周年でさまざまな顕彰行事が行われた一九九九年前後のことでしかない。ましてや、ホブハウスも看過した（と思われる）強制収容所のもうひとつの犠牲者たち――ボーア人の投降と同時に、ボーア人以上に劣悪な強制施設に収容された現地アフリカ人の実態が知られるようになるのは、もっとあとの話である。民間団体「原住民保護協会」の事務局長であったH・R・フォックスは、南アフリカ戦争終結の二か月ほど前、ホブハウスに「黒人強制収容所の劣悪な環境改善にも目配りするように」と助言していたという。

それは植民地省や陸軍省にどう伝わったのだろうか。

一九九七年に「再発見」された黒人強制収容所内の墓地は、現在修復と調査が継続中である。

ボーイスカウト運動

「マフェキングの解放」の軍功により、イギリス陸軍史上最年少で陸軍少将となったロバート・ベイデン＝パウエルは、除隊後の一九〇八年、ボーイスカウトを立ち上げた。そこには、マフェキングにおける経験とイギリスの未来を担う若者への懸念が強く反映されていた。

マフェキングの包囲で苦戦を強いられた際、ベイデン＝パウエルは、現地南アフリカで「見習兵」として組織した九歳以上の少年たちが、徒歩で、あるいは自転車で、敵地偵察や伝令などに見せた活躍ぶりに感銘を覚えた。帰国後、その経験をイギリスで生かすべく、彼は『ボーイスカウト読本』（一九〇八）を著した。「スカウト」とは、本隊に先駆けて、敵の位置や規模、動きに関する情報を集める先兵、密偵のことである。まさしく軍事訓練を応用して少年たちの心身を鍛え直そうというのが、ボーイスカウトという新たな少年運動であった。一九一〇年には、彼の妹アグネスを中心に、少女のための同様の組織、「ガール・ガイズ」も設立された。

ボーイスカウト運動推進の背景には、なぜイギリス軍は南アフリカ戦争で「農民の寄せ集め」に過ぎないボーア軍に勝てなかったのか、という問いがある。そのひとつの答えが、この戦争の募兵活動で判明した、イギリス人の身体的劣化であった。徴兵制がなかった当時、兵士志願者のうち、とりわけ都市部では、三分の一の若者が、身長が低い、頭痛持ち、虫歯などで兵力にならなかった。「身体的劣化に関する委員会」の報告書（一九〇四）は、「国民の退化」を指摘していた。この報告書を、ベイデン＝パウエルは「とりかえしがつかなくなる前に手段を講ずるべきという警告」として受け取り、つぎのように述べている。「ローマ帝国崩壊の一因は、ローマの若者たちの身体が祖先たちの水準から後退したことにある」――貧弱な身体に何のモラルもない、「退化」した若者たちの姿に、マフェキングの英雄は耐えられなかったのだろう。ボーイスカウト運動のモットー、「常に備えよ（Be Prepared）」は、彼の南アフリカ経験に基づくものであり、「ベイデン＝パウエル」の頭文字BPとも重なる「スカウト哲学の真髄」（『ボーイスカウト読本』）であった。

ボーイスカウト哲学には、古代ギリシャ、スパルタの若者教育、アメリカの博物学者アーネスト・T・シートン（日本では『シートン動物記』の著者として知られる）の少年教育法、スイスの教育思想家ヨハン・ペスタロッチなどとともに、日本の武士道、とりわけ薩摩藩の「健児の社」と会津藩の「日新館」も影響を与えたとされる。南アフリカ戦争終結直前に結ばれた日英同盟（一九〇二）とその更新（一九〇五、一一年）の時期には、日露戦争の「勝利」もあって、欧米諸国は日本の武士道に注目したと思われる。新渡戸稲造の『武士道』（一八九九、原文は英語）の影響もあっただろう。一九一一年、ジョージ五世の戴冠式に列席した学習院院長の乃木希典は、ベイデン＝パウエルと会見してボーイスカウトの活動を視察し、その翌年、ベイデン＝パウエルを日本に招待した。日本で「少年団日本連盟」と呼ばれるボーイスカウトが設立されるのは一九二二年。初代総裁は、南満州鉄道初代総裁（一九〇六）で、逓信大臣、外務大臣を歴任した後藤新平が務めている。

戦争の果てに――「常に備えよ」

ベイデン＝パウエルだけではない。南アフリカ戦争後、「退化」を防止し、「国民の効率」を向上させようと、当時最先端の知識も動き出していた。ダーウィンの生物進化論を人間社会の諸関係に適用した社会進化論しかり。チャールズ・ダーウィンの従弟、フランシス・ゴールトンの造語で知られる「優生学」しかり。社会主義知識人の団体、フェビアン協会のシドニー・ウェッブは、「一八歳以下の若者すべてに、身体訓練と技術教育を導入すべき」と主張して、折からの国民徴兵運動を強く支持した。南アフリカ戦争終結の三か月前、一九〇二年二月には、病気で戦線を退いたロバーツ元帥を会長とする「国民皆兵同盟」が設立され、活発な活動を展開し始めた。

こうした南アフリカ戦争終結後の動きから見えてくるのは、当初の予測を裏切って長期化した南アフリカ戦争の教訓が、平和の尊さを教える「反戦」ではなく、「常に備えよ」という戦闘モードにつながっていたことである。そこには、南アフリカ戦争同様、「短期決戦」という戦争イメージがつきまとっていたように思われる。

ボーイスカウト運動が強調した「男らしさ」と「イギリスらしさ」は、当時人気の少年文学・雑誌のモチーフともなり、戦うことは勇気ある行為だと賞賛し、死への恐怖を緩和した。第一次世界大戦中に編まれた『子どもの戦争物語』(一九一五)では、ドイツ軍に捕まったボーイスカウトの少年の話がこう綴られている。

勇敢なボーイスカウトの少年

彼はしっかりした足取りで電柱に向かって歩き、柱を背にして立つと、背後に広がる緑のブドウ畑のなか、射殺されるときには笑みをうかべていました。

(エドワード・パロット『子どもたちの戦争物語』(全一〇巻)第一巻、一九一五年)

南アフリカ戦争は、さまざまな意味で、第一次世界大戦への道を準備したのであった。

ローズ・マスト・フォール！

「すべてのローズは心の植民地化につながっている」――二〇一五年三月、ケープタウン大学の学生が、キャンパスにそびえたつ巨大なセシル・ローズ像の撤去を求めた。ここに、「ローズ・マスト・フォール（セシル・ローズの像は倒されなければならない）」運動が始まり、瞬く間に南アフリカ各地に広がった。アパルトヘイト体制が崩壊した一九九〇年代半ば以降、黒人の大学進学者が増えるなか、「ローズ・マスト・フォール！」の叫びは、植民地時代以来、白人中心に組まれてきた旧態依然としたカリキュラムやシラバスへの批判でもあった。と同時に、学生が急増した大学に対する政府の補助金カットへの抗議を込めた、「Fees（授業料）Must Fall」とも重ねられた。

学生たちによる「ローズ・マスト・フォール」運動は、南アフリカ以外の大学に広がるなかで、それぞれの地域の植民地主義や人種主義と重なりながら、対象をセシル・ローズ以外にも拡大した。たとえば、ガーナの首都アクラのガーナ大学では、インドとの友好のために建てられたマハトマ・ガンディー像が「マスト・フォール」の対象として指弾された。アフリカ系黒人に対する人種差別的言動がその理由とされる。二〇一八年一二月、ガーナ大学は、学生や教職員の希望通り、ガンディー像をキャンパスから撤去した。

二〇一六年、「ローズ・マスト・フォール」運動は、セシル・ローズの遺言で設立された奨学金制度のあるオクスフォード大学へも広がった。二〇二〇年にはアメリカ発の「ブラック・ライヴズ・マター（BLM）」運動の高揚のなか、セシル・ローズの人種主義、植民地主義が改めて問題視され、「ローズ・マスト・フォール」運動が再燃した。オクスフォード大学オリエルカレッジのファサードに置かれたローズ像の撤去を求めて大学キャンパスを埋め尽くした学生たちのなかには、ローズ奨学生も数多く認められたという。

二一世紀の世界で、わたしたちは、さまざまな植民地主義と帝国主義の顛末とともに生きている。

あとがき

『昨日の世界』のなかで、ツヴァイクは、第一次世界大戦勃発についてこう書いている。

今日われわれが落着いて考えながら、なぜヨーロッパが一九一四年に戦争に走ったかを自問してみるならば、理性にかなった理由はただのひとつも見出せないし、動機さえも見出しえないのである。いかなる理念のためでもなく、小さな国境の地域のためでもほとんどなかった。私はあの力の過剰以外のいかなるものをもってしてもそれを説明することはできない。それは、この四〇年の平和のあいだに鬱積し、そして暴力的に爆発しようとしたあの内面的なダイナミズムの悲劇的な結果だったのである。

（ツヴァイク『昨日の世界』上、二九二〜二九三頁）

ツヴァイクのいう「この四〇年の平和」とは、普仏戦争（一八七〇〜七一）と第一次世界大戦勃発（一九一四）の間のことで、ヨーロッパ諸国、特にその西側が戦火を交えなかった時期のことであろう。また、「小さな国境の地域のため」とは、一九一四年八月三日夜、最後まで参戦を躊躇したイギリスのグレイ外相がドイツに対する最後通牒の理由として強調した、ドイツ軍による「ベルギーの中立」の侵犯のことだろう。第一次世界大戦にいっさいの大義はなかったというツヴァイクは、だからこそ、欧米諸国は戦争を「最後の瞬間には他国がしりごみするであろうと信じていた」と述べて、その楽観主義を悔やむのである。

うん？　同じ後悔を、わたしたちは最近経験したのではなかったか。まさかロシアがほんとうにウクライナに軍事侵攻するなど思いもしなかった、と——。わたしたちの世界も、ツヴァイクが「われわれに共通の危険を見誤らせ、軽視せしめた」と嘆く楽観主義と無関係ではない。この楽観主義について、世界大戦が壊した「昨日の世界」の住人として、ツヴァイクはこうも書いている。

今日の世代は、破局と崩壊と危機とのうちに育ち、彼らにとっては戦争というものはいつでも有りうべきものであり ほとんど毎日のように予想されるものであったのであるから、あの世紀の変り目以来、当時若かったわれわれを元気づけていたオプティミズムと世界に対する信頼とを、彼らに描いて見せることはおそらく困難であろう。（同、二八五頁）

ここでツヴァイクのいう「今日の世代」とは、一八八一年生まれの彼より一世代は若い、一九一〇、二〇年代生まれの人たちを指すと思われる。彼らは戦争を、「幻想でもロマンティシズムでもなく、野蛮だと知っている」と、ツヴァイクはいう。二つの世界大戦の間に世界は大きく変わり、第一次世界大戦勃発時のように、ヨーロッパは子どもでも素朴でもなく、「根本では、人々は一九三九年には、政治家のただの一人にも尊敬を持っていなかったし、彼らを信用して自分の運命を任せる者は一人もいな」（同、三三三頁）くなっていた。その世代が姿を消しつつある今、わたしたちの世界はどこに向かおうとしているのだろうか。ツヴァイクがくり返す「驚くほどの楽観的気分に満ちた世界」は、どこか「わたしたちの世界」と通じるように思えてくる。

ツヴァイクは、「そのためにわれわれが生きて来たわれわれの故郷」ヨーロッパは破壊され、「何か別なもの、新しい一時代が始まった」と記していたが、はて、「昨日の世界」は過ぎ去ってなお、わたしたちとともに在るではないか。

＊

ツヴァイクは、『昨日の世界』を書き上げたのち、一九四二年二月二二日、ブラジル、リオ・デ・ジャネイロの自宅で、再婚した妻ロッテとともに服毒自殺した。だから、彼は、自分と同じユダヤ人を待ち受けていたホロコーストという最悪の暴力、信じられない恐怖、残酷極まりない野蛮を知らないままであった。彼が知らないことはほかにもある。奴隷としてアフリカから南北アメリカ大陸に移動を強制された人びとが、ユダヤ人の離散にたとえられて「黒いディアスポラ」として議論されていることも、レオポルド二世によるコンゴ自由国での現地人虐待が、ナチス・ドイツの犯罪を裁くニュルンベルク国際軍事裁判で編み出された「ジェノサイド」という言葉で語られていることも、ツヴァイクは知らない。

冷戦体制崩壊以後、世界各地の研究者や活動家、メディアによって、ツヴァイクが知らなかったこれら、「昨日の世界」の別の顔がたくさん暴かれ、書かれてきた。本書でも触れたように、ツヴァイクを含む「昨日の世界」のヨーロッパの人びとは、非ヨーロッパ世界の人びとの意志や価値観を無視して、しかもおそらくは無自覚、かつ「善意」から、暴力的な植民地化の推進に加担してしまった。そのうえに、ツヴァイクがいうあの「四〇年の平和」が築かれてきたことを、わたしたちは知っている。それゆえに、「昨日の世界」の検証は、わたしたちに託された責務でもある。そんな思いを本書に込めた。

だが、歴史を叙述するとはなんと厳しく、難しい作業なのだろう。ヨーロッパ近代を網羅することなどはなから不可能とあきらめ、「昨日の世界」のひだで、託された責務を考えつづけたのだが、素材はどうしても自分の専門であるイギリス帝国関連が多くなってしまった。それでも書けなかったいつかの事柄には未練が残る。そのひとつが、「ヨーロッパにとってロシアとは何だったのか」という問いである。ロシアのウクライナ侵攻以前、「もうひとつのクリミア戦争」（二〇一四年）あたりから気になっていながら、考察がまとまらず、本書所収は断念せざるをえなかった。わたしたちの楽観主義を打ち砕いたロシアによる戦争にも、分断を深めるわたしたちの世界についても、今後さらに分析が進むことだろう。先ほどの問いはもう少し温めることにしよう。

それでも、ツヴァイクの「昨日の世界」の先に「わたしたちの今」を問おうとあがくなかで、思いがけないつながりを知ることもあった。イギリスと同君連合の関係にあったドイツ、ハノーファー王国が、女性君主、すなわちヴィクトリア女王を戴くことを認めなかったことが、グリム兄弟のゲッティンゲン大学追放を（間接的に）招いたこと、あるいは、ジェイムズ・ウルフ将軍率いるケベック遠征のイギリス軍勝利の背後に、エンデバー号による太平洋探検で知られるジェイムズ・クック作成のセントローレンス川河口の海図があったこと、などはその一例である。レオポルド二世に対する初の告発者、アフリカ系アメリカ人のジョージ・ワシントン・ウィリアムズを二一世紀によみがえらせた映画『ターザン：REBORN』のメイキング映像との出会いもあった。学生たちが「近代」という時代に関心を持ち始めるのは、案外そんなところからかもしれない。

だとしたら、本書執筆でのわたしのあがきも多少は報われるだろう。「昨日の世界」の向こうに明日への扉を見つけてそれを開くのは、彼ら若者たちなのだから――。

〈参考文献〉


池上俊一『動物裁判――西欧中世・正義のコスモス』講談社現代新書、一九九〇年。

石井眞夫「南部メラネシアにおけるキリスト教信仰と受容形態の変容」『人文論叢』（三重大学）第一五号、一九九八年。

石川栄吉「演出された無秩序」『国立民族学博物館調査報告書』五九、二〇〇六年。

泉井久之助『ヨーロッパの言語』岩波新書、一八六八年。

井野瀬久美惠『子どもたちの大英帝国――世紀末、フーリガン登場』中公新書、一九九二年。

井野瀬久美惠『植民地経験のゆくえ――アリス・グリーンのサロンと世紀転換期の大英帝国』人文書院、二〇〇四年。

井野瀬久美惠「キリスト教ヨーロッパ世界における動物愛護思想の歴史的文脈――イギリスを例として」『動物観と表象』（奥野卓司・秋篠宮文仁責任編集、ヒトと動物の関係学第一巻）岩波書店、二〇〇九年。

井野瀬久美惠『大英帝国という経験』講談社（興亡の世界史一六）、二〇〇七年（講談社学術文庫、二〇一七年）。

岩井　淳編『複合国家イギリスの宗教と社会』ミネルヴァ書房、二〇一二年。

エヴァンズ、エドワード・ペイソン（遠藤徹訳）『殺人罪で死刑になった豚――動物裁判にみる中世史』青弓社、一九九五年。

太田光明監修『現代社会と家庭動物』動物愛護社会化推進協会、二〇一九年（第二版）。

大津留香織『関係修復の人類学』成文社、二〇二〇年。

踊　共二『記憶と忘却のドイツ宗教改革：語りなおす歴史　一五一七～二〇一七』ミネルヴァ書房、二〇一七年。

オールコック、ラザフォード（山口光朔訳）『大君の都――幕末日本滞在記』全三冊、岩波文庫、一九六二年。

金山愛子「『赤ずきん』類話の比較考察」『人文社会科学研究所年報』（敬和学園大学）、二〇〇五年。

金井圓編訳『描かれた幕末――イラストレイテッド・ロンドンニュース』雄松堂出版、一九七三年（一九八六年）。

川分圭子「近代奴隷制廃止における奴隷所有者への損失補償――世界史的概観」『京都府立大学学術報告（人文）』第六四号、二〇一二年一二月。

工藤泰子「明治初期京都の博覧会と観光」『京都光華女子大学研究紀要』四六号、二〇〇八年一二月。

國光圭子「都市民の喪失した夢――『グリム童話集』の舞台としての森――」『都市のフィクションと現実』大阪市立大学都市文化研究センター、二〇〇五年。

小西正紘「『ピータールーの虐殺』という表象――一九世紀初頭イングランドの民衆の政治文化におけるジェンダーと愛国心」『クリオ』三〇号、二〇一六年。

小原真史『帝国の祭典――博覧会と〝人間の展示〟』水声社、二〇二二年。

小山　騰『ロンドン日本人村を作った男――謎の興行師タナカー・ブヒクロサン、一八三九‐九四』藤原書店、二〇一五年。

コリー、リンダ（川北稔監訳）『イギリス国民の誕生 BRITONS』名古屋大学出版会、二〇〇〇年。

コリンガム、リジー（松本裕訳）『大英帝国は大食らい』河出書房新社、二〇一九年。

コルバン、A／クルティーヌ、J-J／ヴィガレロ、G 監修（片木智年監訳）『感情の歴史』全三巻、藤原書店、二〇二〇年。

コンラート、ゼバスティアン（小田原琳訳）『グローバル・ヒストリー――批判的歴史叙述のために』岩波書店、二〇二一年。

ザイツ、ガブリエーレ（高木昌史・高木万里子訳）『グリム兄弟――生涯・作品・時代』一九九九年。

佐野真由子編『万国博覧会と人間の歴史』思文閣出版、二〇一五年。

澤井繁男『ルネサンス再入門――複数形の文化』平凡社新書、二〇一七年。

シェイクスピア、ウィリアム（大場建治編注訳）『マクベス』研究社、二〇〇四年。

島田竜登「構造化される世界――グローバル・ヒストリーのなかの近世」『岩波講座 世界歴史11』岩波書店、二〇二二年。

シンガー、ピーター監修（戸田清訳）『動物の権利』技術と人間、一九八六年。

シンガー、ピーター（戸田清訳）『動物の解放』（改訂版）人文書院、二〇一一年。

スタンレー、H・M（村上光彦・三輪秀彦訳）「リヴィングストン発見記」『世界ノンフィクション全集』第六巻、一九六〇年。

ジェームズ、C・L・R（青木芳夫監訳）『ブラック・ジャコバン――トゥサン＝ルヴェルチュールとハイチ革命』大村書店、二〇〇二年。

篠原琢・中澤達哉編『ハプスブルク帝国政治文化史――継承される正当性』昭和堂、二〇一二年。

シービンガー、ロンダ（小川眞里子、藤岡伸子、家田貴子訳）『科学史から消された女性たち――アカデミー下の知と創造性』工作舎、一九九二年（改訂新版、二〇二二年）。

シービンガー、ロンダ（小川眞里子、弓削尚子訳）『植物と帝国――抹殺された中絶薬とジェンダー』工作舎、二〇〇七年。

住吉哲志「明治初期京都博覧会と外国人誘致」『北大史学』第四八号、二〇〇八年一二月。

ダーウィン、ジョン（秋田茂・川村朋貴・中村武司・宗村敦子・山口育人訳）『ティムール以後——世界帝国の興亡　一四〇〇—二〇〇〇年』全二巻、国書刊行会、二〇二〇年。

ターナー、ジェイムズ（斎藤九一訳）『動物への配慮——ヴィクトリア時代精神における動物・痛み・人間性』りぶらりあ選書、法政大学出版局、一九九四年。

立川孝一『歴史家ミシュレの誕生』藤原書店、二〇一九年。

谷田博幸『唯美主義とジャパニズム』名古屋大学出版会、二〇〇四年。

ツヴァイク、シュテファン（原田義人訳）『昨日の世界』Ⅰ・Ⅱ、みすず書房、一九九九年。

角山榮『時計の社会史』中公新書、一九八四年。

テイラー、スラウナ（今津有梨訳）『荷を引く獣たち』洛北出版、二〇二〇年。

ティリー、キャロライン（大間知知子訳）『牡蠣の歴史』原書房、二〇一八年。

寺本敬子『パリ万国博覧会とジャポニスムの誕生』思文閣出版、二〇一七年。

トーマス、ロックリー（不二淑子訳）『信長と弥助　本能寺を生き延びた黒人侍』太田出版、二〇一七年。

中澤達哉編『王のいる共和政——ジャコバン再考』岩波書店、二〇二二年。

並松信久「明治期京都の博覧会——「国際化」と「歴史」をめぐって」『京都産業大学日本文化研究所紀要』第一二、一三号、二〇〇八年四月。

橋本毅彦・栗山茂久編『遅刻の誕生——近代日本における時間意識の形成』三元社、二〇〇一年。

ハーゼル、カール（山縣光昌訳）『森が語るドイツの歴史』築地書館、一九九六年。

バルガス＝リョサ、マリオ（野谷文昭訳）『ケルト人の夢』岩波書店、二〇二一年。

平野千果子『人種主義の歴史』岩波新書、二〇二二年。

比留間亮平「生まれ変わりとしてのルネサンス――ミシュレの死生観とルネサンス概念の誕生――」『死生学年報二〇一九　死生観と看取り』東洋英和女学院大学死生学研究所、二〇一九年。

フェーヴル、リュシアン（ポール・ブローデル編、石川美子訳）『ミシュレとルネサンス――「歴史」の創始者についての講義録』藤原書店、一九九六年。

福井憲彦『近代ヨーロッパの覇権』講談社（興亡の世界史一三）、二〇〇八年。

藤永　茂『『闇の奥』の奥――コンラッド／植民地主義／アフリカの重荷』三交社、二〇〇六年。

古谷大輔・近藤和彦編『礫岩のようなヨーロッパ』山出版社、二〇一六年。

松村昌家『幕末維新使節団のイギリス往還記――ヴィクトリアン・インパクト』柏書房、二〇〇八年。

松村昌家編『日本とヴィクトリア朝英国――交流のかたち』大阪教育図書、二〇一二年。

松村昌家『大英帝国博覧会の歴史――ロンドン・マンチェスター二都物語』ミネルヴァ書房、二〇一四年。

ミシュレ、ジュール（桐村泰次訳）『フランス史Ⅶ　ルネサンス』論創社、二〇一九年。

三戸祐子『定刻発車』新潮文庫、二〇〇五年。

宮永　孝『幕末遣欧使節団』講談社学術文庫、二〇〇六年。

宮本正興・松田素二編『新書アフリカ史』講談社現代新書、一九九七年。

ムーア・ウェンディ（矢野真千子訳）『解剖医ジョン・ハンターの数奇な生涯』河出書房新社、二〇一三年。

森　洋子編『ホガースの銅版画』岩崎美術社、一九八一年。

森　涼子『グリム童話と森――ドイツ環境意識を育んだ「森は私たちのもの」の伝統』築地書館、二〇一六年。

山田詠美『吉祥寺ドリーミン――てくてく散歩・おずおずコロナ』小学館、二〇二一年。

弓削尚子『啓蒙の世紀と文明観』山川出版社（世界史リブレット八八）、二〇〇四年。

リース、トム（高里ひろ訳）『ナポレオンに背いた黒い将軍――忘れられた英雄アレックス・デュマ』白水社、二〇一五年。

ル＝ゴフ、ジャック（菅沼潤訳）『時代区分は本当に必要か？――連続性と不連続性を再考する』藤原書店、二〇一六年。

＊本文中に出てくる内容で日本語文献のないものを数点のみあげておく。

Cunningham, Allan, *The Life of Sir David Wilkie: With His Journals, Tours, and Critical Remarks on Works of Art; And a Selection From His Correspondence*, 3 vols., 1843 (reprint 2018).
Eltis, David, *The Rise of African Slavery in the Americas*, Cambridge University Press, 2000.
Mayer, Carol E. \Naup, Anna \Warri, Vanessa, *No longer captives of the past: The story of a reconciliation on Erromango*, Createspace Independent Pub., 2013.
Sheridan, Richard B., *Doctors and Slaves: A medical and demographic history of slavery in the British West Indies, 1680-1834*, Cambridge University Press, 1985.

Stanley, Henry Morton, *How I Found Livingstone*, 1872 (Paris: Hachette, 1876).

Tromans, Nicholas, *David Wilkie: The People's Painter*, Edinburgh University Press, 2007.

Williams, John. *A Narrative of Missionary Enterprises in the South Sea Islands: With Remarks Upon the Natural History of the Islands, Origin, Traditions, and Usages of the Inhabitants*, George Baxter Publisher, 1837.

井野瀬 久美恵（いのせ・くみえ）

甲南大学文学部教授。専門はイギリス近代史、大英帝国史。京都大学大学院文学研究科（西洋史学専攻）博士課程単位修得退学。博士（文学）。主な著作に『植民地経験のゆくえ』（人文書院、2004年）、『大英帝国という経験』（講談社、2007年；講談社学術文庫、2017年）、『イギリス文化史』（編著、昭和堂、2010年）。

「近代」とは何か——「昨日の世界・ヨーロッパ」からの問い

〈講座：わたしたちの歴史総合（世界史×日本史）4〉

2023年4月10日　第1刷発行

著　者　ⓒ井野瀬久美恵
発行者　竹村正治
発行所　株式会社　かもがわ出版
〒602-8119　京都市上京区堀川通出水西入
TEL 075-432-2868 FAX 075-432-2869
振替　01010-5-12436
ホームページ　http://www.kamogawa.co.jp
印刷所　シナノ書籍印刷株式会社

ISBN978-4-7803-1264-5　C0320

総合索引等は「わたしたちの歴史総合」シリーズ特設ページで
http://www.kamogawa.co.jp/campaign/tokusetu_rekishi.html